# 福祉業界で働く

なるにはBOOKS
補巻24

戸田恭子 著

ぺりかん社

# はじめに

福祉とは、「しあわせ」や「ゆたかさ」を意味する言葉であり、すべての人に最低限の幸福と社会的援助を提供するという理念を指します。私たちはみな、社会の一員として暮らしています。高齢者も障害がある人も、個性を尊重されながら安心して生活が送れるような社会づくりのためには、福祉の充実が欠かせないのです。

福祉というのは、ただ弱い立場にいる人を助けるためにあるのではありません。相手が弱者だから、お手伝いをしたり、サービスを提供したりするのではなく、その人にとって何が必要なのかを理解することが必要です。その人の心身の状況、住居や家族などの環境、これまでに送ってきた生活歴などをふまえて、その人らしく生活していけるようにすることが大切だといえるでしょう。

福祉業界には生活援助や身体介助をはじめ、支援が必要な人やその家族からの相談に乗ったり、機能回復のためのリハビリテーションを行ったり、心身の病気を予防したりと、さまざまな仕事があります。それらの多くは「生きる」ことに直接かかわり、命にかかわることもあります。一見、簡単そうでいて、知識や技術がなければ相手を危険にさらしてしまうこともあるのです。それだけに専門性も高く、責任も重いですが、同時に大きなやりがいが感じられるでしょう。

また、コミュニケーション力や臨機応変な判断力、その人の立場や気持ちで考える想像力、生活や人生を将来まで含めて見通せる視野の広さなどが必要とされます。基本的な知識や技術を身につけた上で、現場で経験を積み、学び、工夫し続けることで、より多くの人を幸せにできる可能性が開けるのです。

現在の日本は歴史上経験したことのない超高齢社会となっており、福祉の仕事は社会貢献をしたいと考える人たちから注目を集めています。しかし、「仕事がハードそう」「離職率が高そう」「給与が少なそう」などのマイナスイメージもあり、志望するには不安もあるかもしれません。実際、福祉業界は人材不足であり、労働環境が十分に整っていないところもあるようです。国も積極的に、福祉の職場の社会的評価の向上、福祉人材の確保・育成・定着の取り組み強化などに力を入れようとしています。

この本では、現場で働いている人たちの生の声を聴き、福祉業界の仕事をめざす人の役に立つような情報を紹介しています。ぜひ興味を深めていただき、自分の適性に合った職種選びの参考にしてもらえればと思います。

著者

# 福祉業界で働く　目次

## ［3章］さまざまな相談に応じる福祉の仕事



## ［4章］身体機能の回復を図る福祉の仕事

※本書に登場する方々の所属等は、取材時のものです。

［装幀］図工室　［カバーイラスト］ハラアツシ　［本文イラスト］熊アート 小林由枝　［本文写真］編集部

## 「なるにはBOOKS」を手に取ってくれたあなたへ

「働く」って、どういうことでしょうか?

「毎日、会社に行くこと」「お金を稼ぐこと」「生活のために我慢すること」。

どれも正解です。でも、それだけでしょうか?「なるにはＢＯＯＫＳ」は、みなさんに「働く」ことの魅力を伝えるために１９７１年から刊行している職業紹介ガイドブックです。

この巻は６章で構成されています。

---

**［１章］業界について** 職業の成り立ちや社会での役割などを紹介します。

---

**［２～６章］ドキュメント、仕事の世界、なるにはコース** 今、この職業に就いている先輩が登場して、仕事にかける熱意や誇り、苦労したこと、楽しかったこと、自分の成長につながったエピソードなどを本音で語ります。また、なり方を具体的に解説します。適性や心構え、資格の取り方、進学先などを参考に、これからの自分の進路と照らし合わせてみてください。

---

この本を読み終わった時、あなたのこの職業へのイメージが変わっているかもしれません。

「やる気が湧いてきた」「自分には無理そうだ」「ほかの仕事についても調べてみよう」。

どの道を選ぶのも、あなたしだいです。「なるにはＢＯＯＫＳ」が、あなたの将来を照らす水先案内になることを祈っています。

# 1章

# まずは福祉業界について学ぼう

# 第二次世界大戦後に確立し次第に充実してきた福祉制度

## 主な分野は高齢者・障害者・児童の三つ

福祉とは、特定の誰かだけではなく、みんなが幸せになれるように取り組む活動やしくみのことです。生活に支えが必要な人たちが、地域の中で安心して暮らせるように、心身のケアや生活面でのサポートを行うのが福祉の仕事です。

主な分野としては、高齢者の身のまわりの世話をする「高齢者福祉」、障害者が暮らしやすい地域づくりを進める「障害者福祉」、子どもがすこやかに成長できる生活環境を整える「児童福祉」などがあります。なかでも、もっともニーズが高まっているのは「高齢者福祉」で、今後もさらに市場が拡大していくと考えられています。

まず、ここでは日本の福祉の歴史について、簡単に見ていくことにしましょう。

## 戦後から福祉元年まで

日本で「福祉」ということばが広く知られ、使われるようになったきっかけのひとつは、第二次世界大戦が終わった翌年の1946(昭和21)年に公布された日本国憲法の条文に登場したことです。憲法第25条では、「すべて国民は、健康で文化的な最低限度の生活を営む権利を有する。国は、すべての生活部面について、社会福祉、社会保障及び公衆衛生の向上及び増進に努めなければならない」とされています。そして福祉サービスは、戦後の貧困者や戦争障害者、戦争孤児の対策から始まり、しだいに高齢者福祉施策、身体障害者や知的障害者福祉施策など、時代とともに変化するニーズに対応し、分野ごとに整備されていきました。

1947年、戦争で親をなくした戦争孤児などを保護するため、福祉関係法の先駆けとして公布された「児童福祉法」により児童相談所が設置され、児童福祉施設が整備されました。1949年には戦争で負傷した軍人などを含めて障害者対策として「身体障害者福祉法」が公布され、1950年には生活困窮者に対応する「生活保護法」が改正・施行され、これらを合わせて「福祉三法」といいます。

さらに1960年の「精神薄弱者福祉法(現・知的障害者福祉法)」、1963年の

「老人福祉法」、１９６４年の「母子福祉法（現・母子及び父子並びに寡婦福祉法）」を加えて、「福祉六法」体制が確立しました。

日本の社会保障制度がすぐれているのは、原則としてすべての国民が医療保険や公的年金に加入し、おたがいに支え合う「国民皆保険・皆年金」を１９６１年に実現したことです。さらに高度経済成長期に日本の社会保障制度は拡充していき、１９７３年に当時の首相・田中角栄は「福祉元年」として老人医療費の無料化、健康保険の被扶養者の給付率の引き上げ、高額療養費制度の導入、年金の給付水準の引き上げなどを行いました。

## 社会保障制度の見直し

１９７３年秋にオイルショックが勃発し、高度経済成長時代が終焉を迎えると、インフレに対して給付水準を合わせていくため社会保障関係費が急増しました。１９８０年代には安定成長への移行および国の財政再建への対応、将来の超高齢化へ向けて、社会保障制度の見直しが行われました。１９８２年には「老人保健制度」が創設され、老人医療に必要な費用を公費と医療保険各制度からの拠出金によってまかない、高齢者本人も一部負担金を支払うことになりました。

日本はほかの国に比べて高齢化のスピードが速く、１９７０年から１９９４（平成６）

**図表1**

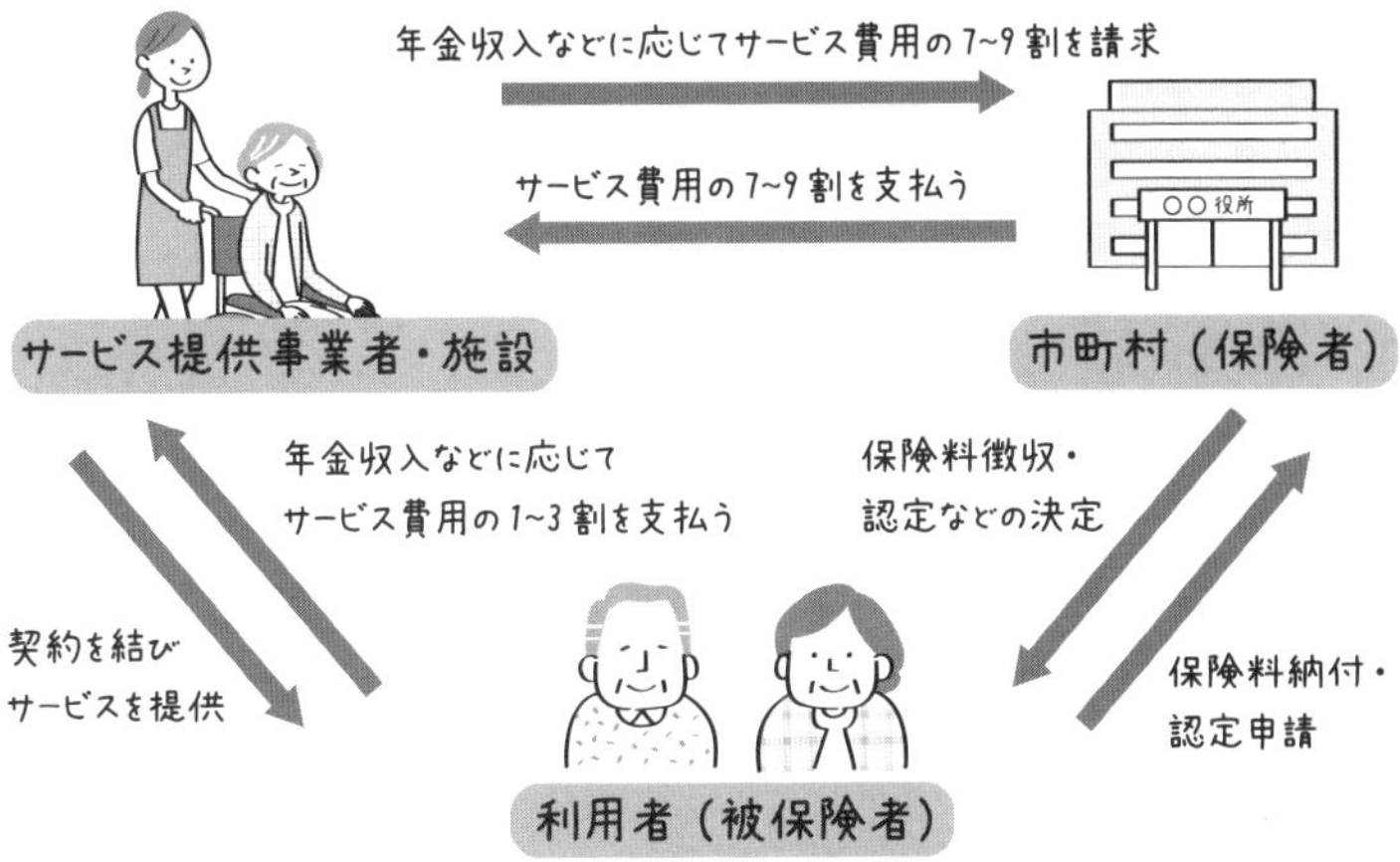


年までのわずか24年で高齢化率が７パーセントから14パーセントになり、高齢社会を迎えました。また、１９８９年の合計特殊出生率が戦後最低となったことは「１・57ショック」と呼ばれました。この年、高齢者介護の基盤を整えようと「ゴールドプラン（高齢者保健福祉推進10カ年戦略）」が策定され、続いて１９９４年の「新ゴールドプラン（高齢者保健福祉計画）」と「エンゼルプラン（子育て支援のための総合計画）」、１９９５年の「障害者プラン（ノーマライゼーション７カ年戦略）」、２０００年の「新エンゼルプラン（重点的に推進すべき少子化対策の具体的実施計画について）」が実施され、保健福祉サービスの基盤が整備されていきました。

また、高齢化が進むにつれ、介護を必要と

する高齢者が増える一方、核家族化の進行や介護による離職などが社会問題となり、２０００年には家族の負担を軽減し、介護を社会全体で支えることを目的とした「介護保険制度」が創設されました。これは各市区町村が運営主体（保険者）となり、40歳以上の人たちが保険制度の加入者（被保険者）となって保険料を負担し合い、介護が必要となったときにサービスが利用できるしくみです（図表1参照）。介護保険法にもとづくサービスを利用するためには、あらかじめ介護の必要度を判断するための要介護（要支援）認定を受ける必要があり、市区町村がその業務を行っています。

介護保険制度の施行により、行政が利用できるサービス内容を決定するという「措置制度」から、利用者の自己決定にもとづいてサービス提供事業者が選べる「契約制度」になりました。これを契機に、障害福祉サービスや保育サービスの考え方やしくみも変更されてきています。また、厚生年金の支給開始年齢の引き上げや医療費の患者負担の引き上げが行われました。

介護保険制度は国民生活への定着が進み、高齢期の生活を支えるためになくてはならないサービスとなり、利用者数も増加しています。今後もさらに需要が拡大することが見込まれており、日本では第二次大戦後の１９４７年～49年に生まれた団塊の世代が75歳以上の後期高齢者となる２０２５年をめどに、地域における「住まい」「医療」「介護」「予防」

「生活支援」の五つのサービスを一体的に提供できるケア体制である「地域包括ケアシステム」の構築をめざして、各種の施策が進められています。今後、高齢者医療や高齢者介護、老齢年金の財源を確保することが課題となっていくでしょう。

２０１５年には女性も男性も、お年寄りも若者も、一度失敗を経験した人も、障害や難病のある人も、家庭で、職場で、地域で、あらゆる場で、誰もが活躍できる「一億総活躍社会」の実現が目標に掲げられました。そして、少子高齢化問題に真正面から取り組み、経済政策をいっそう強化するとともに、子育て支援や社会保障の基盤を強化するなど社会福祉分野の施策が重点的に行われています。

# 高齢者や障害者、子どもなどを支援するための大切な仕事

## 職場も職種もさまざま

高齢者や障害のある人、子どもなどは、家族などの支援を受けなければ一人で日常生活を送ることが困難です。しかし、介護や支援が必要な人をかかえる家族の負担も大きいため、必要なサービスや人材を提供するのが福祉業界の仕事です。日常生活をサポートする仕事、さまざまな相談に応じる仕事、身体機能の回復を図る仕事、健康管理・病気予防をめざす仕事など、福祉に関連する職場はたくさんあり、多くの福祉専門職が働いています。

福祉サービスには、国や自治体が提供する公的なものと、民間企業や団体が提供するものがあります。公的な福祉サービスは、税金や保険料により支えられているため、利用者の負担は原則1割負担（所得に応じて上限あり）と少なくすむようになっています。民間

企業や団体が提供する福祉サービスは、有料老人ホームや認可外保育施設、福祉機器のレンタルや販売など多岐にわたっています。食事の配食サービスや外出支援サービスなどは事業所が行うもののほか、ＮＰＯ（民間非営利団体）や地域の組織による助け合い活動によるものもあります。また、ボランティア団体などを通して提供されるものもあり、内容もさまざまです。

## 人材の確保が急がれている

現在、日本では介護分野の人材不足が深刻になっているほか、心身に問題をかかえる人が増え、保育士の不足も課題になっているなど、福祉業界では慢性的な人手不足が起きています。そのため、福祉の専門職の需要は高

まっており、福祉業界では人材の確保が急がれています。

ただし、すでに人手が足りないことから、どうしても長時間の勤務になってしまったり、体力的な負担が大きかったりすることもあるようです。そのため、福祉業界は「きつい」「収入が低い」「すぐにやめてしまう人が多い」といった印象があるかもしれません。そう聞くと、不安になってしまう人も多いでしょうが、実際のところはどうなのでしょうか。

厚生労働省の「雇用動向調査」（令和元年）から福祉業界の離職率を見てみると、医療・福祉業界の離職率は14・4パーセントです。全業界の平均離職率15・6パーセントと比較すると少し低いくらいで、他業界とあまり変わらないことがわかります。

給与についても、厚労省などのデータによると他業種の平均よりは低めですが、介護職は特に介護保険制度が始まった２０００年以降に伸びてきた分野のため、勤続年数が短い人が多いことやパートで働く人が多いことも平均給与が少ない原因となっています。

政府はこのような状況を改善するために、職員の給料の値上げやキャリアアップを支援すると同時に、外国人実習生の受け入れ制度を導入するなどして人材不足を緩和しようとしています。残業時間を短くする、休日を増やすなど、働く時間も見直され、施設によっては職員の負担を減らすためにロボットを導入する動きもみられます。

福祉の現場は、大変なこともありますが、この業界でなければ得られないやりがいや達成感もあります。それが感じられる人、社会や人に貢献することに喜びが得られる人はほかの業界に転職することなく、長く働き続けられると考えられます。業界全体がより働きやすい環境を提供しようと努力するようになってきたため、将来的には働き方や仕事内容が変わっていく可能性も高いといえるでしょう。

## 今後も成長が見込める業界

日本は世界でも類を見ないほどのスピードで高齢化が進んでいます。2020年9月15日の時点で、65歳以上の高齢者人口は3617万人と過去最多を更新し、総人口の28・7パーセントを占めるほどになりました。この高齢化は今後もますます進むと予測され、高齢者が増えれば当然、要介護者も増えて、介護にあたる人材も必要になると考えられます。

一方、子どもの数は減っていますが、早朝・夜間保育など利用者に合わせたサービスが求められていることなどから、保育士のニーズは増えている状況です。また近年では児童虐待などのニュースを目にすることが増え、被害を未然に防ぐための相談支援体制の強化が急がれています。

福祉業界は、これからも成長が見込める将来性の高い業界であり、さらに高い専門性と知識をもった専門職が必要とされます。職員の労働環境の改善や待遇の見直しなど、さまざまな課題はあるものの、超高齢社会の進展とともに福祉業界が成長していくのは間違いないといえるでしょう。

## 資格があると就職や収入アップに有利

福祉の仕事には、資格がなくても就くことのできる職種もありますが、できるだけ専門的な知識や技術を身につけておいたほうがよいでしょう。福祉業界にはたくさんの職種があるので、自分のやりたい分野のものを選び、勉強することをおすすめします。

専門性の高さを証明する手段として、いちばん説得力があるのは資格を取得することです。進学できるのであれば、資格取得につながる科目が受講できる専門学校や短大、大学へ進むのが近道となります。福祉関連の仕事をしながら、実務経験を活かして資格取得をめざす方法もあります。

長年、福祉業界で活躍している人のなかには、複数の資格をもっている人もめずらしくありません。資格をもっていれば、就職や転職に有利なのはもちろん、収入アップにもつながり、何よりも自信をもって働くことができるでしょう。

# 2章

# 日常生活をサポートする福祉の仕事

ドキュメント 1 介護福祉士

# 「その人らしさ」を大切に日常生活を支援したい

ニチイケアセンター蘇我
釜田真美さん

## 釜田さんの歩んだ道のり

高校在学中に祖父が脳梗塞で倒れ、介護が必要になったことをきっかけに介護について学びたいと決意。卒業前にホームヘルパー2級（現在の介護職員初任者研修）を取得し、ニチイ学館に就職。グループホームの職員として、入居者さんの生活を支援している。働きながら介護福祉士資格を取得し、さらに今後は介護支援専門員の資格取得が目標。

## 家庭的なグループホーム

釜田真美さんが働くニチイケアセンター蘇我は、認知症の高齢者が介護スタッフの援助を受けながら共同生活を送るグループホームです。グループホームは5～9名の少人数で、家庭的な環境と地域住民との交流のもとで、家事などを役割分担しながら自立した生活を行うことを目的としています。

釜田さんは1階と2階の二つのユニットのうち、現在9名の入居者さんが生活する1階のユニットを担当しています。

「少人数で家庭的な雰囲気のグループホームは、第二の家みたいな感じです。私たちスタッフは、ここに来ると『ただいま』、帰るときは『行ってきます』と言うんです。家庭で暮らすのと同じようなサービスを提供しているので、料理はすべて手作りですし、掃除や洗濯もいっしょに行います。おかげで苦手だった家事のスキルも上がりました（笑）」

食事は栄養のバランスも考えながら、「お肉とお魚どちらにしますか？」「煮るのと焼くのはどちらがいいですか？」と聞いて、入居者さんとともにメニューを決めるそうです。

「自立支援の考えにもとづき、食事の準備はスタッフのサポートのもと、できるかぎり入居者さんにしてもらいます。おやつは時間があれば、いっしょにホットケーキを焼いたり、炊飯器で蒸しパンを作ったりもします」

歯が悪い人やうまく飲み込めない人もいるので、基本的によく火を通して、野菜などはやわらかくするそうです。また、必要に応じてミキサーにかけたり、とろみをつけたり、自分で食べられない方には介助をしたりと、配慮や工夫をしています。

## 会話はゆっくりていねいな言葉遣いで

介護施設にもいろいろな種類がありますが、グループホームを職場に選んでよかったという釜田さん。

「いくつかの施設を見学したのですが、ここのアットホームで自由な雰囲気が気に入りました。入居者さんとの距離が近いので、孫のようにかわいがってもらっています。『あんた、まだ結婚してないの』などと心配してくれたり、『こういうときはこうするのよ』などと教えてくれたり、いろいろな話をしてくれるのはうれしいですね」

会話をするとき釜田さんが気をつけているのは、耳が遠い方にはなるべく近い距離から大きな声でゆっくり話すことと、親しみを込

**【ある日勤の日のスケジュール】**

| | |
|---|---|
| 7時30分 | 出勤。朝食介助。 |
| 8時30分 | 口腔ケア、排泄介助。 |
| 9時 | バイタルチェック（体温や血圧の測定）。 |
| 9時45分 | リハビリ体操。 |
| 10時 | お茶の時間。 |
| 10時30分 | 昼食の準備。 |
| 11時30分 | 昼食介助。 |
| 12時30分 | 口腔ケア、排泄介助。 |
| 13時 | 自由時間。お昼寝。 |
| 14時 | バイタルチェック（体温や血圧の測定）。 |
| 14時30分 | レクリエーション。 |
| 15時 | おやつの時間。 |
| 16時 | 夕食の準備。 |
| 16時30分 | 記録、申し送り。 |
| 17時 | 退勤。 |

**【ある夜勤の日のスケジュール】**

| | |
|---|---|
| 16時30分 | 出勤。申し送り。 |
| 17時 | 夕食介助。 |
| 18時 | 口腔ケア、排泄介助。 |
| 18時30分 | イブニングケア（着替え、ベッドへの移動などのお手伝い）。 |
| 20時 | 消灯。 |
| ※以後、2時間ごとに巡回、排泄ケア。 | |
| 翌6時 | モーニングケア（ベッドからの移動、着替え、洗顔などのお手伝い）。 |
| 7時 | 朝食の準備。 |
| 7時30分 | 朝食介助。 |
| 8時30分 | 口腔ケア、排泄介助。 |
| 9時 | 記録、申し送り。 |
| 9時30分 | 退勤。 |

レクリエーションのようす　　取材先提供

めながらもていねいな言葉遣いをすること。
「ていねいすぎると堅苦しくなるので、失礼にならないよう親しみのある接し方を心がけています。また、長年教員を務めていた方から敬語の使い方を指導していただいたり、ある入居者さんからお茶の淹れ方で注意を受けたり、勉強になることも多いです」

グループホームの魅力のひとつは、「その人らしく」生活できるということ。

「その方が今まで生きてきた生活歴を知ることで、その人らしさを大切にしています。たとえば、製鉄会社で働いていた方は、社員同士がすれ違うとき『ご安全に！』とあいさつする習慣があったそうで、その方と顔を合わせるときは私たちもそうしています。『八鶴湖の桜をよく見に行ったんだよ』という話をしてくれる方には、桜祭りの時期に写真を撮ってきてお見せしたら、とても喜んでくれました」

## シフト制で日勤と夜勤をこなす

グループホームの職員は、日勤（早番、遅番）、夜勤のシフト制で勤務しています。日勤の早番は7時30分から17時までの勤務で、遅番は9時30分から19時までの勤務です。時間があればレクリエーションをしたり、天気がよければ散歩をしたり、本人の希望があれば買い物につき添ったりすることもあります。昼間はホーム長と事務員もいます。夜勤の日は夕方から翌朝までの勤務になりますが、その翌日は丸一日休みになります。

「一日の流れはだいたい決まっていますが、入居者さんは自分の生活リズムに合わせて過ごせます。食事の時間や就寝時間などは気分や体調によって変えられますし、自由時間は自分の部屋で好きなことをしたり、リビングでテレビを見たりして、くつろぐことができます。午前中にはリハビリ体操、午後にはレクリエーションなど、軽く体を動かしてもらう機会も設けています。車いすの方が多いので、激しい運動はできませんが、特に盛り上がるのは風船バレーやカラオケです。塗り絵やトランプなどを楽しむ方もいます」

## 楽しい気持ちが続くように行事を企画

入居者さん同士がコミュニケーションの場をもち、季節を感じていただけるよう、さまざまな年間行事も行っています。ひな祭りや七夕、ハロウィーンなどは視覚でも楽しんでもらえるよう飾りつけで演出。夏祭りやクリスマス会などはスタッフが出し物を考えて、入居者さんのご家族や近所の子どもたちにも参加してもらうそうです。

「入居者さんの一人ひとりの宗教観や信条に配慮しながら、夏祭りには法被や浴衣を着てもらったり、ハロウィーンには仮装をしてもらったりしますが、最初は恥ずかしがりながらも喜んでくださることが多いです。ときにはマイクロバスを借りて外出することもあり、車いすの方もいっしょに出かけます。初詣は近くの千葉神社に行っておみくじを引くのが恒例で、近所の盆踊りに参加することもあります。駅ナカにあるフードコートで食事をしたりする機会も、楽しみにされている方が多いです」

認知症の影響でふだんはすぐに忘れてしまう方が、数日経ってからも「この前のお祭りは楽しかったね」などと覚えていてくれるの

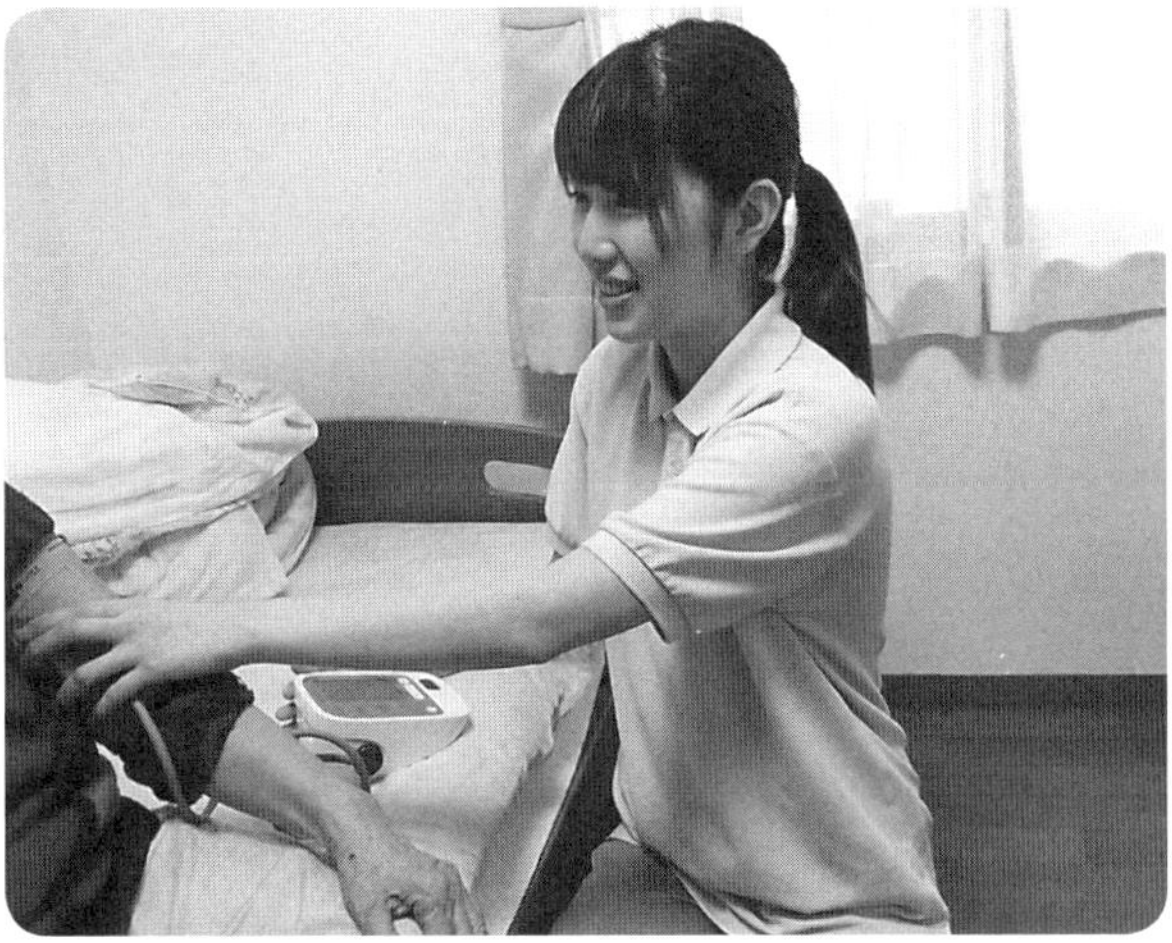

毎日の日課として血圧の測定は欠かせません

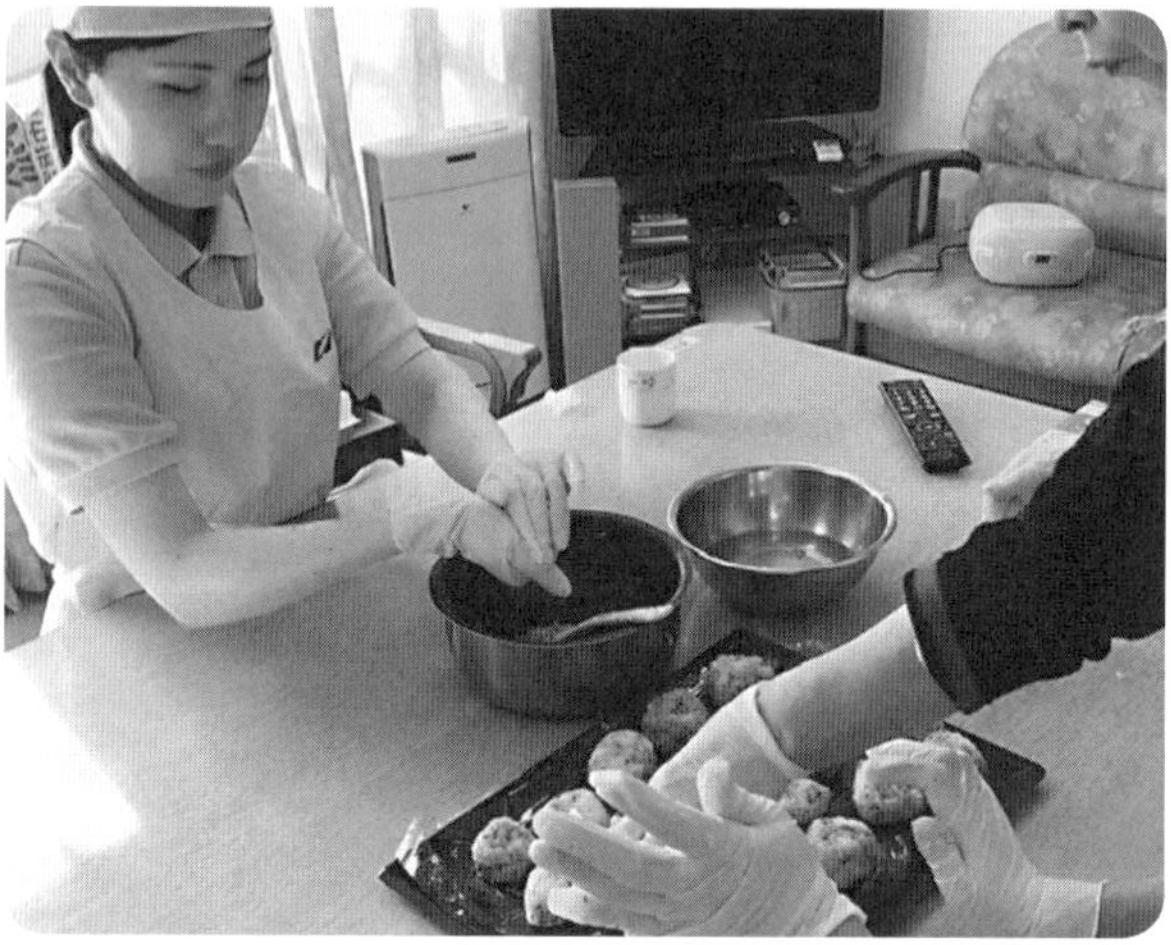

入居者さんの食事は手作りします　　取材先提供

だとか。

認知症の方は、行事自体の記憶は忘れても、「楽しかった」という感情は残るので、その「楽しい」という感情の積み重ねを大切に、スタッフみんなで一生懸命、行事を企画するというのもわかります。

## 緊急時にも慌てず冷静な対応を

一人ひとりの入居者さんのようすは、一日分を1枚の用紙に書き込めるようになっていて、記録してスタッフ全員で共有しています。基本的な項目はバイタル（体温、血圧など）、食事量、排泄の回数、睡眠状況などで、何か変化があればそれも記入します。

医療的なケアは近隣の病院と提携していて、内科や精神科、歯科の医師が定期的に診察に来るほか、訪問看護やリハビリなども受けられます。感染症対策、衛生管理、緊急時の対応などについては、エリア内のほかの施設のスタッフも参加する毎月の会議で話し合ったり、研修を受けて勉強したりできます。

「介護にたずさわっていると、いつ何が起こってもおかしくありません。慌てず冷静に対応できるよう、緊急時の心構えは必要です。幸いなことにまだ実際に行ったことはありませんが、心臓マッサージなど救急蘇生法の研修も受けています。ほかのフロアでは夜間に呼吸が止まってしまった方がいて、救急車を呼んだこともありました。入居者さんの看取りもまだ経験していないのですが、ご家族を呼んで、ここで亡くなる方もいます」

介護の仕事には「3K（きつい・汚い・危険）」のイメージをもつ人もいて、釜田さんも友人から「介護なんて大変そうだね」と言われたことがあるそうです。命にかかわる責任の重い仕事でもあるかもしれません。でも、やりがいもたくさん感じられるし、もっと違う面を見てほしいと釜田さんは言います。

「自分の身内に介護が必要となった場合も役立ちますし、興味があればまず介護職員初任者研修を受けてみるといいと思います。介護の仕事をするなら、教育制度がしっかりしている会社を選ぶと研修などが受けられ、知識を深めたり不安を解消したりできます。今後の目標は、介護支援専門員の受験資格が得られたら、がんばって勉強して取得することです。これからもっと知識や経験を身につけて、住み慣れた地域に恩返しができるよう、介護で困っている人たちの手助けができればと思っています」

ドキュメント 2 介護福祉士

# 介護ロボットを活用したよりよい介護を考える

善光会 施設統括局
フロース東糀谷 フロアリーダー
谷口尚洋さん

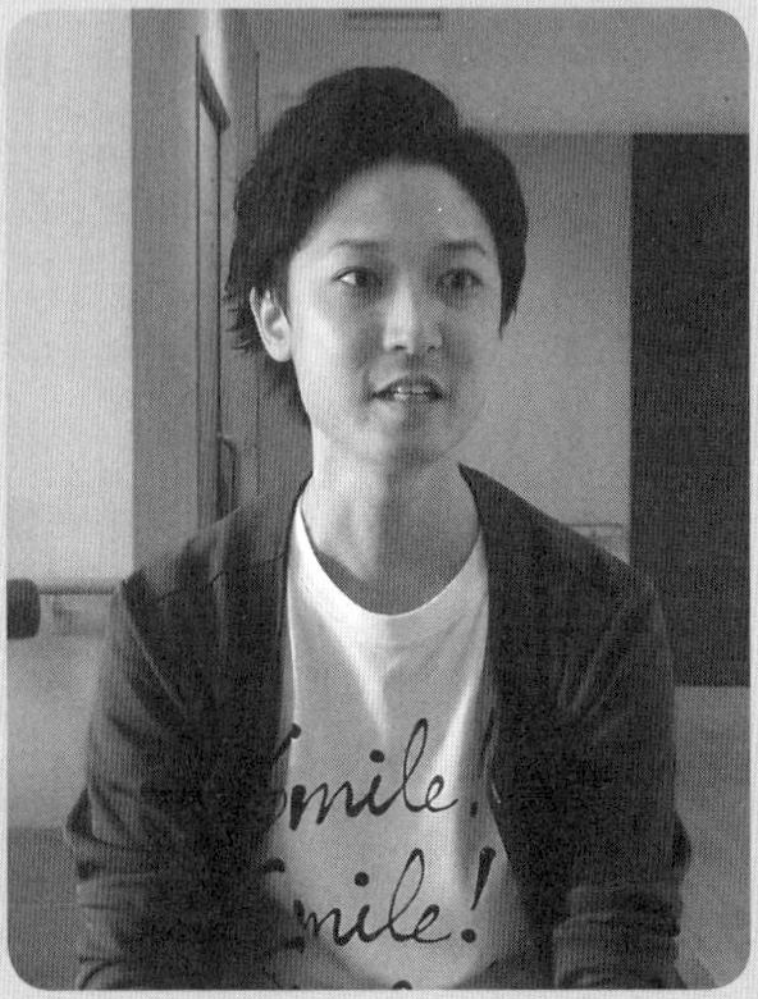


## 谷口さんの歩んだ道のり

大学で公共経済学部を学び、福祉分野に興味をもつ。就職活動を行う中で善光会の理念に共感して入社。特別養護老人ホームの介護職員として経験を積み、4年目にユニットリーダーに昇格し、現在はフロアリーダーとして活躍。介護ロボット・人工知能研究室にも所属しており、研究員として介護ロボットを運用する方法を介護現場で実践しながら研究している。

## 就職活動から介護の道へ

就職活動では、いろいろな職種を検討したという谷口尚洋さんは、会社のビジョンにひかれて入社。それまで高齢者や認知症の方に関する知識もあまりなく、最初は戸惑うこともあったといいます。少しずつキャリアを重ね、フロアリーダーを任されるようになってから、積極的に「こうしたいな」という気持ちが芽生え、工夫しながら仕事をするようになったそうです。

「介護サービスは人対人で行うので、一人ひとり対応の仕方も違います。うまくいかなかったときは『どう言えばよかったのかな』とふり返り、考えます。入居者さんがトイレや入浴のお声がけを拒否されることもあり、最初は自分が全否定されたようでつらかったです。でも、そこであきらめずにどうして拒否されたのかを考え、つぎはどうするか検討しなければなりません。コミュニケーションを深めるとともに、何事もトライアンドエラーでやってみて、その人に合った方法を見つけるようにしています」

認知症の方は自分の気持ちをうまく伝えられなかったり、ちょっとしたことで落ち着かなくなったりすることもあります。しかし、大切なのはしっかり話を聞いて、その人が本当はどうしたいのかを察することです。自分から話されない場合は、ご家族や関係者の方にその人が歩んできた生活歴や好きなものなどを聞いて、それに合わせた会話やサービスを提供しているそうです。

「介護というのは入居者さんの気持ちに寄り添って、その人が望むサービス提供を行うことです。また、できないことをお手伝いするだけではなく、自立支援が基本となっています。施設で生活をしていくうちに、自分で食べられなかった人が食事に興味をもってくれたり、ほぼ寝たきりだった人が少しずつ起きていられるようになったり、自立度が上がって元気を取り戻されていくようすが見られたときはやりがいを感じます」

## 効率を考えた介護の工夫

善光会では2013年より介護施設の人手不足の解消、家族の介護負担の軽減、介護サービス利用者の自立支援の促進などを目的として「介護ロボット研究室」を設置し、さまざまな取り組みを行っています。谷口さんは特別養護老人ホームのフロアリーダーを務めるとともに「介護ロボット・人工知能研究室」に所属し、よりよいサービス提供のために活動しています。

申し送りにはタブレット端末を使用しています

では、具体的に介護ロボットで何ができる

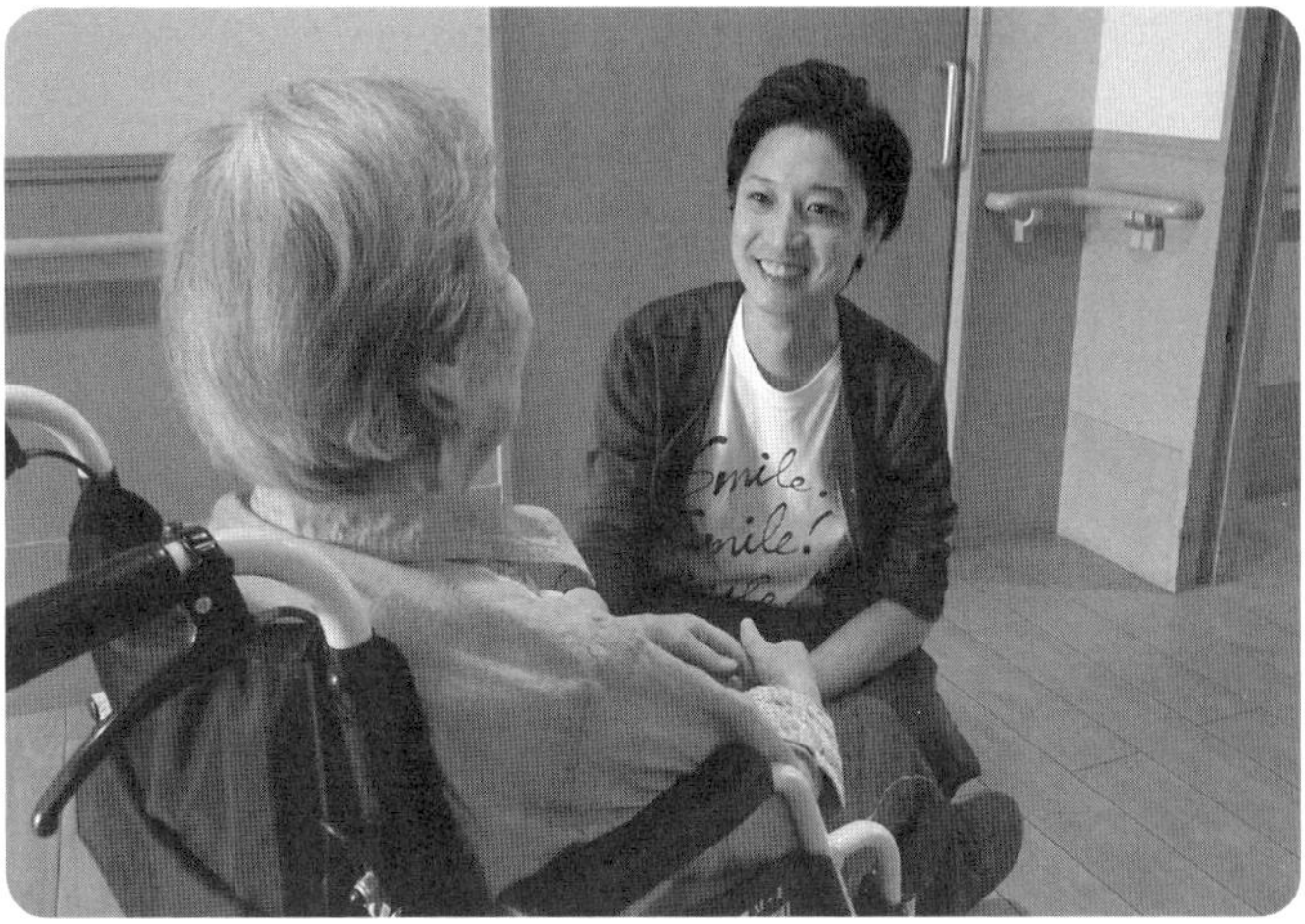

「今日の調子はいかがですか？」

のでしょうか。

「たとえば、自分で尿意を伝えられない人には決められた時間にトイレ誘導をしていましたが、尿の排泄を予知する装置を装着してもらうことによって適切なタイミングでトイレに行けるようになりました。またマットの下に敷くことで入居者さんの状態を確認できる装置により、睡眠と覚醒のリズムを測定します。そしてきちんと眠れるための対策を取ることで生活習慣が改善し、朝すっきり起きて朝食が食べられるようになったり、自分でトイレに立てるようになったりした事例があります。また、スタッフは勤務中にヘッドセットという機器をつけておたがいに通信できるので、その場で情報を共有でき、誰がどこで何をしているかも把握しやすくなりました」

　ロボットの操作というと、難しいのではな

いかと思うかもしれません。しかし、介護ロボットを使うのもスマートフォンでアプリを使うのと同じく、特に専門性の高い知識が必要なわけではないと谷口さんは言います。誰でも簡単に操作できるものになっていくよう、現場のスタッフと介護ロボットの開発や販売を行っている企業との橋渡しをするのも谷口さんの役目です。

「人の思いやりやコミュニケーションの力とロボットの安全性・機能性を複合し、介護のクオリティー向上をめざすために、企業にもよりよい製品を作ってもらえるよう協力してもらっています。私が担当している4階が介護ロボットを重点的に導入するフロアとなっていて、そこでロボットを使用してみた後、現場の声を反映しながらほかのフロアにも広げていっています」

介護ロボットをどのように使えば、より業務の効率が上がるか、サービスの質が向上するかを考え、理想的な介護現場を実現させていくのが今後の課題といえるでしょう。

## 業界を担う先導者をめざして

介護職は営業職のように目に見える成果が得にくく、高齢者はどうしても年を重ねるごとに身体的機能が低下していってしまうことが多いものです。それが介護職の離職率が高い原因のひとつともいわれています。

しかし、そんな中でも谷口さんの職場では、やりがいが感じられる方法を取り入れているのだとか。

「最近導入したのは、アウトカム測定といって、食事、移動・移乗、排泄、入浴などカテゴリー別に点数化できるシステムで、前月よ

介護とロボットを結びつけています　取材先提供

りも下がったらなぜなのかを考えて改善点を探すようにし、上がったら今のやり方でいいということがわかるので、それがスタッフのモチベーションをアップさせることにつながっています」

善光会では積極的に介護ロボットを導入していますが、ほかの施設ではまだやっていないことをいち早く取り入れていることを誇りに思い、自分たちが先導していくという気持ちを大事にしているといいます。

「これから先、少子高齢化の影響によって介護の担い手が不足していくことが予想されます。その中で、介護を必要としている高齢者の方々にどうやって質の高いサービスを提供していくかを考え、業界を担う先導者になり、オペレーションの模範となっていけたらと思っています」

ドキュメント 3 保育士

# 日々子どもたちから多くを学んでいます

保育園きぼうのつばさ　園長（えんちょう）
高木優里（たかぎゆり）さん

著者撮影

## 高木さんの歩んだ道のり

小学校の教員をめざして、聖徳（せいとく）大学児童学科に入学。大学4年生の春、保育園のボランティアに行ったとき、乳幼児とふれあうおもしろさを知り、定期的にアルバイトをするように。大学卒業後は保育園に就職し、働きながら通信課程で保育士資格を取得。2015年11月に開園した「保育園きぼうのつばさ」の園長として業務にあたっている。

## 子どもたちの体と心の成長を見守る

高木優里さんが園長を務める「保育園きぼうのつばさ」は、駅からも近く、0歳児から5歳児まで約120名の子どもを預かっています。成長の幅が大きく、一人ひとり個性も違いますが、子どもや保護者、地域に「よりそう保育」を行っています。

「保育園は教育施設ではなく福祉施設になるため、『先生』ではないんですよ。子どもたちから呼ばれるときも『○○さん』ですし、保育士が上とか下とかではなく、子どもを中心にして、寄り添う気持ちで接しています」

開園時間は朝7時から夜8時まで。登園時間は保護者の出勤時間によりバラバラですが、子どもたちの生活リズムを整えるため、9時ごろまでに登園してもらっているそうです。

園内での過ごし方は、保育の基本として決められた「保育指針」にもとづいて立案し、どういうところにねらいを置くかなどを決めて、事前に準備してから実施しているとか。

「遊びや生活の中で、子どもたちはいろいろなことに気づいたり、学んだりしていきます。たとえば、絵本を読み聞かせることで感情を豊かにする、屋上で遊ぶことで運動機能を高める、ゲームをすることでルールを守る大切さを知ってもらうなど、何かねらいがあります。また、きちんと順番を守る、おたがいに譲り合う、必要なときはがまんする、自分の思いを言葉にして相手に伝えるなど、何気ないことができるよう支援しています」

高木さんは、子どもたちが自分のやりたいことが自主的にできる環境を整えることも大事にしていると言います。縄跳びでも折り紙でも好きなことを続けることで、もっと意欲がわいて達成感が得られること、また自分が得意だと思うことを友だちに教えたりすることも大切な経験です。そのような環境の中で、子どもたちの身体的な成長をはじめ、心の部分での成長にも気づきながら、楽しみをもって仕事に向き合っているようです。

## 子どもたちの主体性を育む保育へ

高木さんは保育士の仕事で何よりおもしろいのは、子どもたちとの会話だといいます。

「子どもたちに名画を見せて感想を聞くという活動をしたとき、『風神雷神図』の雷神さまが背負っている連なった小太鼓を『ちくわがたくさんついているね』と言う子がいたり。食育の取り組みで『ほうれんそうはどうやって育つか知ってる?』と質問したら、『根っこがあるから土から生えてる』と答えてくれたり。そういう視点に感心させられますね」

絵本や紙芝居を読んでいるときに登場人物の細かい描写に気づく子がいたり、演劇の練習のときに友だちのセリフまで全部覚えている子がいたり。子どもたちの記憶力や創造力に驚かされることもよくあるといいます。

**【保育園の1日】**

| | |
|---|---|
| 7時 | 順次登園。 |
| 9時 | 朝の会。 |
| 9時30分 | 戸外や室内での遊び、読み聞かせ、制作など。 |
| 11時 | 片づけ、食事準備。 |
| 11時30分 | 昼食。 |
| 12時30分 | 着替え、お昼寝。 |
| 13時 | スタッフのミーティング。 |
| 14時30分 | 起床。 |
| 15時 | おやつ。 |
| 15時30分 | 帰りの会。 |
| 16時 | 順次降園。 |

※延長保育は20時まで

子どもの成長には毎日驚かされています　　取材先提供（以下同）

「運動会が台風の影響で延期になったときも、残念がるのではなく、『もっと練習できるね』と言われて、『そうか』と気づかされました。日々、私たち大人も、子どもたちからたくさんのことを学びます」

遠足で博物館に行って、復元された竪穴式住居を見たときも、子どもたちは昔の人びとの暮らしに感心をもち、展示された土器や土偶に興味津々だったそうです。そんなときは絵本コーナーにそういうテーマの本をさりげなく置いておくと、子どもたちが自然に手に取って読んでくれるのだとか。高木さんは教えるというより、自分たちで調べて知識が広がるような環境づくりを心がけています。

「最近は、何でもやってあげるのではなく、子どもの主体性を育む保育が目標になってきています。ふだんから子どもたちの会話やつぶやきなどを聞き逃さないようにして、どういうところに学びや気づきがあったかを私たちが感じ取り、大切にしなければと思います」

きぼうのつばさでは、同じ年齢の子ども同士がいっしょに過ごすだけでなく、異なる年齢の子どもが集まって過ごす時間もあります。「異年齢保育をすると、そのかかわりの中で、年上の子が年下の子に優しく接したり、年下の子が年上の子がしていることにあこがれて挑戦したり、集団生活ならではの交流が生まれます。あえてそういう環境を設定することで、心の成長の部分をサポートしていけたらいいなと思っています」

## 保護者とのコミュニケーションも大事

保育士の役割は、子どもの成長をサポートするのはもちろん、子育ての悩みの相談に乗るなど保護者に対してサポートするのもそのひとつ。保護者の代わりに大事なお子さんをお預かりしているため、髙木さんは保育園にいる間にあったできごとを伝えるためのコミュニケーションも大切にしているそうです。朝の登園のときやお迎えのとき、お母さんやお父さんと顔を合わせたら、なるべくお子さんの話を具体的にするようにしているとか。「保護者の方は『今日こんな遊びをした』としたら、自分の子どもがその中でどうだったのかが知りたいと思うんです。なので『〇〇ちゃんはこんなことをがんばっていましたよ』とか『泣いている子の頭をなでてあげていましたよ』とか、その子ならではのエピソードをお話しするようにしています」

どういう保育をしているか、どんな取り組

みをしているかといった情報は、「園だより」の発行やドキュメンテーションの掲示などで発信しています。そのため、保育士には文章力や表現力も必要なのだとか。

「『何をやった』『何を作った』ということだけではなく、その過程を記録し掲示していくことで、子どもの活動をふり返ることができます。まだ足りていないところもあるので、どうしたらより伝わるかを考え、力を入れていきたいです」

0～2歳児までは、保護者とやりとりする連絡ノートがあり、食事をきちんと食べたか、便の状態はどうだったかなどを記入して、お知らせしているそうです。保護者の方に保育園での生活のようすを知ってもらう取り組みとして、お迎えにきたとき、その日に撮った写真をモニターに映し、スライドショーとして見られるような工夫もしています。

「ホワイトボードにも活動内容を記入していますが、文字だけだとイメージしにくいですよね。写真だと、こういうことをしたんだとひと目でわかるかなと思い、一日の写真をスライドショーで見られるようにしました。カ

クラスごとの活動内容を確認

メラマンさんが撮るとポーズをしたりするのですが、慣れている保育士だと自然な表情が撮れますし。それを見たお母さんがお父さんに『今日こんなことがあったんだって』と話したりして、家庭での子育て支援につながるのではないかなとも思っています」

## 時代の変化に合わせた保育を

「いろいろと世の中は進んでいるのに、保育だけが時代遅れになって、置き去りにならないようにしたい」という髙木さん。日々勉強をしていきながら、世の中の状況も見極めて、必要なところは変えていきたいといいます。

「たとえば、運動会には入場門があって、行進がなければいけない、みたいな概念にとらわれず、子どもたちに負担がかからず、楽しんでできることを第一にしています。私たち保育者や保護者も古い概念からなかなか抜け出せないのですが、たとえば『行進はやめよう』となったとき、その理由も伝えないと保護者とのすれ違いになってしまうこともあります。そのため、『行進の練習時間を保育にあてるようにします』など、納得してもらえるよう説明する必要があります」

欠席の連絡なども、現在はメールでできるようにして、保護者と保育者ともに電話対応の負担を減らしたり、書類は手書きからパソコンに移行したり、効率化できる業務は見直して、より子どもたちの保育にあてる時間を充実させられるようにしているそうです。

保育園と大学が連携してワークショップを開いたり、定期的にゼミの学生が来園したり、学園祭に子どもたちの作品を展示したり、髙木さんの母校が近いことによるメリットもあるといいます。

「学生さんが子どもたちと接して、発達などの理解につながればいいなと思いますし、私

子どもたちへの読み聞かせのようす

たちも大学との取り組みが刺激になり、とらえ方が変わることもあります。現役の学生さんは最新の情報や新しい遊び、歌などをたくさん知っていて、保育士とは違うかかわりができ、子どもたちも『お姉さんと遊んで楽しかった』と喜んでくれています。学生さんも子どもたちに愛着がわいて『来週も来ていいですか』と継続して来てくれる人もいます」

また、時代の変化に合わせて、非認知能力と呼ばれるような力を伸ばせる環境を整えていきたいという髙木さん。

「手伝うことは簡単ですが、大切なのはどうすれば子どもたち自身が気づけるかです。私たちがどういうかかわりをしていけばいいのかを日々追究し、みんなと意見交換をしたり、研修に行ったりして学びを深め、情報を更新して、子どもたちに還元していきたいです」

# 食事や排泄、入浴などの介護や調理、洗濯、掃除などの家事をサポート

## 施設と居宅に大きく分けられる

高齢者や障害者の日常生活をサポートする仕事は、施設に入所して集団で暮らす人を対象とした「施設サービス」と、自宅など地域で暮らす人を対象にした「居宅サービス」に大きく分けられます。施設サービスは24時間体制で身のまわりのケアをはじめ、生活全般のサポートを行うことになりますが、居宅サービスは1週間のうち決められた曜日や時間に訪問して、利用者の状態や要望に合わせたケアを行います。

子育てをサポートする仕事については、保護者が働いている間などに子どもを預かる「保育所」をはじめ、在宅で保育サービスを受けたいという人のための「訪問保育」、自分の家で子どもを預かる「在宅保育」など、さまざまなニーズに対応したサービスが提供さ

れるようになってきています。サービスの種類や施設の規模などによって、働き方も変わってきます。職場を見学するなどして、自分に向いている仕事を考えてみましょう。

## 入所施設では24時間体制でケアを行う

高齢者の場合、介護保険で提供される入所施設には、要介護の高齢者が人生の最後まで暮らすことが可能な「特別養護老人ホーム」、リハビリを行い自宅に戻ることをめざす「介護老人保健施設」、医師や看護師が常駐して医療的なケアを行う「介護医療院」があります。そのほか、民間企業が運営する入所施設には「有料老人ホーム」、認知症の高齢者が家族的な雰囲気の中で暮らす「認知症グループホーム」などがあります。

障害のある人の場合、「施設入所支援」と呼ばれるサービスを提供する入所型施設があり、入所している人が昼間に利用できる日中活動系サービスには、生活介護、自立訓練（生活訓練）、自立訓練（機能訓練）、就労移行支援、就労継続支援B型があります。

子どもの場合、さまざまな理由で親といっしょに暮らせない18歳未満の子どもが入所する「児童養護施設」や、1歳未満の子どもを保護、養育する「乳児院」などがあります。不良行為を行ったり、または行う可能性のある児童が入所するのが「児童自立支援施設」です。障害のある子どもには、日常生活の支援と指導などを行う「福祉型障害児入所施設」と、支援のほかに治療を行う「医療型障害児入所施設」があります。

入所施設では、多くのスタッフが協力しながら仕事にあたります。業務内容は施設によっても異なりますが、食事、排泄、入浴などの支援をはじめ、調理、洗濯、掃除などの家事、そのほか日常生活全般の支援を行います。また、身体機能の維持や向上を目的としたリハビリテーションを行ったり、多彩なレクリエーションを提供したりもします。看護師や理学療法士などの医療スタッフが常駐する施設もあるほか、医師が定期的に往診を行ったり、何かあったときに駆けつける体制を整えたりと、医療機関との連携を深める介護事業者が増えています。

子どもについては年齢や能力に応じた生活が送れるよう、生活習慣を身につけさせたり、学習指導を行ったり、いっしょに遊んだりして見守ります。施設内の保育士や児童相談所、通学する学校などと連携しながら、子どもたちが心身ともに健全に成長し、いずれ施設を出て社会で自立できるようにサポートします。入所施設は基本的に24時間・365日のケアが必要になるため、シフト制が導入され、日勤と夜勤のスタッフが交代で勤務します。

## 地域に密着した居宅サービス

高齢者向けの居宅サービスは、「訪問サービス」「通所サービス」「短期入所サービス」

に分類できます。訪問サービスは、自宅などを訪問して生活をサポートする「訪問介護」、室内に運び込んだ組み立て式浴槽を使って入浴をする「訪問入浴」、自宅などでリハビリを提供する「訪問リハビリテーション」などがあります。

通所サービスは、「デイサービス」と呼ばれる通所介護と、「デイケア」と呼ばれる通所リハビリテーションがあります。自宅などから送迎車でデイサービスセンターなどに通い、日中にレクリエーションやリハビリ、体操などをしたり、食事や排泄、入浴などの生活援助を受けられたりするものです。引きこもりがちになる高齢者の外出や社会交流の機会となり、介護にかかわる家族の負担を軽減することを目的としています。

また、訪問サービスと通所サービスの複合型施設として、「通い」「泊まり」「訪問」の3種類のサービスを組み合わせて提供する「小規模多機能型居宅介護」もあります。

短期入所サービスは、「ショートステイ」

と呼ばれ、施設に一定期間受け入れて、食事や排泄、入浴などの生活援助を提供するものです。ふだんは同居している家族が家を空けなければならないときや、家族が病気になったときなど短期間の利用に適しています。

障害のある方向けの訪問系サービスには、日常生活の基本的なサービスを行う「居宅介護（ホームヘルプ）」、重い障害のある人を対象とした「重度訪問介護」、知的・精神障害者を対象とした「行動援護」、視覚障害者を対象とした「同行援護」、介護の必要の程度が高い障害者を対象とした「重度障害者等包括支援」があります。

居宅サービスのうち訪問サービスは、基本的にスタッフが１人で（訪問入浴は看護師１人と介護職員２人の３人で）利用者宅を訪問して、その人のニーズに合わせたサービスを行います。利用者ができるだけ自立した生活が送れるように支援するのが目的です。一件あたりの訪問時間が細かく区切られているため、パートタイムで働く人が多いようです。通所サービスや短期入所では、入所施設と同じようにチームを組んで仕事をします。居宅サービスは日中の仕事がほとんどですが、通所では朝夕の送迎が重要な仕事のひとつです。

ほかにも居宅サービスには、杖や車いす、ベッドなどをレンタルする「福祉用具貸与」、入浴用のいすやポータブルトイレなどを販売する「特定福祉用具販売」、有料老人ホームなどの入居者にサービスを提供する「特定施設入居者生活介護」などがあります。

高齢者数の急増に病院や介護施設の建設が追いつかないという事情もあり、最近では居宅サービスの利用が推奨されており、今後も発展が見込まれます。

## 幅広いニーズに対応する児童福祉施設

保育サービスの中心となっているのは、0歳から小学校に入学する前の子どもを保育する「保育所」です。保護者が仕事や病気、介護などのために、子どもを家庭で十分保育できない場合に、保護者に代わって保育を行います。

保育所と同じような「保育所機能」、3歳から小学校入学前の子どもに幼児教育を行う「幼稚園機能」、子育て相談の対応や親子交流などの「子育て支援機能」をもつ認定こども園は、2006年に制度が始まり、2015年以降、急速に増えてきています。

そのほか、早朝や深夜に対応する「早朝・夜間保育」、子どもが病気でいつもの保育所に預けられないときにケアをする「病児保育」なども広まりつつあり、会社や病院などで職員の子どもを預かる「企業内保育所」をもつところも増加しています。2019年10月から幼児教育・保育の無償化が始まったこともあり、さらに保育サービスのニーズが高まると同時に、保育サービスの種類や内容は広がっていくでしょう。

なるにはコース

# 資格がなくても働くことはできるが資格をもっていると大きな強みになる

## 高齢者や障害者を支える仕事で働く場合

無資格でもできる仕事は限られ、利用者の身体介護をするには最低でも「介護職員初任者研修」を受け、修了試験に合格しなければなりません。ハローワークの求職者支援制度で取得することもでき、研修修了後に就業することで受講料が免除されるなどのサポート制度がある事業所や企業もあります。

国家資格である介護福祉士を取得していると、専門職として大きな強みになります。採用のときに優遇されるのはもちろん、給与の面で資格手当などが得られることも多く、リーダー的な役職や施設長などの管理職をめざすにも有利です。

## 関連する資格・職種

### ●介護職員初任者研修（旧ホームヘルパー2級）

２０１３年4月から「ホームヘルパー２級」に代わって、新たに制定された介護職の基本となる研修です。心身ともに健康で介護に関心のある人なら誰でも受講できます（中学卒業以上や16歳以上としているスクールもあります）。

介護の仕事には、掃除や洗濯・料理などの「生活援助」と、食事・排泄・入浴などの支援をする「身体介護」があります。利用者の身体にふれる「身体介護」をするためには、この研修を受けて、介護職の基本となる知識・技術を習得する必要があります。

介護に関する知識を学ぶ講義と、介助者と利用者の役を交代で体験しながら技術を学ぶ実技実習を受講し、修了試験に合格すれば資格が得られます。スクールによっていろいろなコースが設定されていて、自宅学習と15日間のスクーリングのコースなら最短で約１カ月、週1日通学するペースでは約4カ月ほどで取得できます。

### ●介護職員実務者研修（旧ホームヘルパー1級）

以前の「ホームヘルパー１級」の後継資格として位置づけられた研修です。より質の高い介護サービスを提供するために、実践的な知識と技術の修得を目的としています。２０

１７年1月実施の介護福祉士国家試験から、受験資格として「実務者研修の受講・修了」が義務づけられたため、介護福祉士をめざすには受講修了が必須となっています。

この研修を修了することで、医療的ケアを含む、より専門的な知識を学び、仕事の質の向上につながります。また、介護従業者としての実務経験に関係なく、訪問介護事業所に必ず配置しなければならない「サービス提供責任者」になることができます。

## ●介護福祉士

社会福祉士・精神保健福祉士と並ぶ福祉系の三大国家資格のひとつとして、幅広い活躍の場があります。介護福祉士の受験資格を得るには、福祉系高校や特例高校を卒業する「福祉系高校ルート」、専門学校や短大、大学の介護福祉士養成課程に入学し、定められた科目を修める「養成施設ルート」、介護施設で働きながら国家試験の受験をめざす「実務経験ルート」があります。介護の仕事の経験を3年間積むと、「実務者研修」を受けた上で介護福祉士の受験資格が得られます。

介護福祉士として正式に働くためには、国家試験に合格した後、登録が必要となります。

## ●生活支援員

高齢者や障害のある人が暮らす入所施設やさまざまなサポートを行う支援施設などで、日常生活上の支援や身体能力・生活能力の向上を図る職種です。介護の仕事が中心になる場合もあれば、軽作業や創作活動の指導をしたり、利用者の相談に乗ったり、家族との連絡調整を行ったり、サービス計画の立案をしたりすることもあります。仕事の幅は施設によって違うため、柔軟に対応できる人が求められます。

特に必要な資格は定められていませんが、障害や病気への知識や理解が問われます。身体介護をともなう場合は、介護職員初任者研修の受講が必要です。

## 子どもを支える仕事で働く場合

保育士や児童指導員の資格をもっていると、子どもの生活をサポートする活躍の場がたくさんあります。たとえば、国や都道府県などが設置した公的機関だけでも、以下のようなものがあげられます。

助産施設、乳児院、母子生活支援施設、保育所、児童厚生施設、児童養護施設、知的障害児施設、知的障害児通園施設、盲ろうあ児施設、肢体不自由児施設、重症心身障害児施設、児

童心理治療施設、児童自立支援施設、児童家庭支援センター。

子どもだけではなく、母親などの保護者が支援の対象となることもあり、さまざまな知識や経験も必要になってきます。

## 関連する資格・職種

### ●保育士資格

保育所で働くには、多くの場合、保育士資格が必要となります。保育補助などの仕事は無資格でもでき、実務を2年間経験すると、国家資格である保育士試験が受験できます。

専門学校や短大、大学に進学するなら、保育士養成課程に入学し、定められた科目を修めることで保育士の国家資格が取得できます。夜間や通信で学べるコースをもっている学校もあります。

### ●児童指導員任用資格

児童指導員として働くには、児童指導員任用資格が必要です。資格を取得するためには短大や大学の社会・教育・心理・社会福祉に関連する学部・学科や指定の養成機関を卒業するか、小・中・高いずれかの教員免許を取得しておくことなどが必要です。社会福祉士や精神保健福祉士の資格をもっている人にも児童指導員任用資格が与えられています。

# 3章

# さまざまな相談に応じる福祉の仕事

ドキュメント 4 児童福祉司

# 一人でも多くの子どもの健やかな生活を守りたい

東京都児童相談センター相談支援課
久井里紗さん

## 久井さんの歩んだ道のり

高校生のとき、子どもの非行問題などのニュースに関心をもち、社会福祉学科のある大学に進学。大学で学ぶうちに児童相談所の仕事に就きたいと思うように。卒業前に社会福祉士の資格を取得し、卒業後は福祉職として東京都に入庁。地区担当、虐待担当を経験した後、現在は地区担当として70～80名を受けもち、さまざまな相談にあたっている。

## 電話相談や面接で悩みに対応

久井里紗さんが働く児童相談センター（児童相談所）は、児童福祉法にもとづいて設置され、18歳未満の子どもに関する相談を受ける専門機関です。2015カ所あり、2019年4月1日の時点で全国に215カ所あり、久井さんのような児童福祉司や児童心理司など専門の知識をもった職員が養護相談、保健相談、障害相談、非行相談、育成相談といった分野のさまざまな相談に対応しています。

「児童相談所の職員は、大きく地区担当と虐待担当に分けられ、私は現在、地区担当として練馬区と小笠原諸島を担当しています。基本的にひとつの案件については、児童福祉司と児童心理司がいっしょに担当します。まず電話や面接で相談に対応しますが、その内容は比較的すぐに解決できるようなものもあれば、お子さんの行動や性格などの問題、家庭内の問題など、継続してかかわっていく必要があるものもあります」

電話相談は当番で対応し、面接は定期的に来所していただいてセンター内で行う場合と、家庭や学校などを訪問する場合があるとか。

「大切なのは、それぞれの主張を客観的に聞くこと。もし途中で言い合いになってしまったら、『こういう意図があったのではないですか』『ここは理解してあげましょう』などと私たちが仲裁しながら進めていきます」

児童相談所の仕事は、電話対応や面接など形が見えにくいため、記録も大事です。いつ誰にどのような説明をして、どんな反応があったかを残しておくと、異動などにより担当が変わったり、数年後に再度相談を受ける必要が出てきたりしたときも役立つのです。

## ケースワークはチーム制で

児童福祉司として採用されても、すぐに仕事ができるわけではありません。約1年間の養成期間があり、4月に基本的な研修を受けた後、5月からは実務的なことや法的な対応、援助の方法などを学び、実際のケースワークのやり方を身につけていきます。

「私たち児童福祉司は担当地域ごとのチーム制が導入されていて、チーフを中心に連携・協働しながら一つひとつのケースにあたっています。最初のうちは先輩から教えてもらいながら、少しずつ自分でケースワークができるようになっていきます。案件はそれぞれ違うので、これが正解というものはなく、マニュアル通りに進められるものでもありません。人の感情を取り扱う仕事なので、自分たちも感情をセーブしながら、一歩引いたところから客観的に対応する必要があります」

また、担当は公平に割り当てられますが、女の子で性的虐待を受けている可能性がある、非行で援助交際が疑われるといった場合は女性の児童福祉司が対応し、親御さんと対峙しなければならないときは男性が対応するといったこともあるとか。児童福祉司は年齢や得意分野なども考慮し、それぞれのもち味を活かしてケースワークをしているようです。

ある程度の経験を積んでからも、さらに幅広い知識を得ようとする努力も必要です。

「児童福祉司は児童心理司と連携してひとつの案件にあたりますので、心理的な知識を求められることがあります。親御さんの質問にうまく説明できないと困りますから、心理学

親御さんとの面接ではていねいに関係を築いていきます

の本を読んだりして自分なりに勉強もしています」

## 年々増えている児童虐待の相談

児童相談所への相談のなかでも、年々増えているのが虐待に関するものです。そのうち約半数は警察からの通告で、年代では小学生

**【久井さんのある1日】**

9時 出勤。電話対応。
11時 関係機関との会議。
12時 昼食。
13時 電車とバスで移動し、担当している子どもの家庭を訪問。その後、近くの家庭も数件回る。
16時 戻ってきて、センター内での面接。
17時 記録作業、書類作成などの事務処理。
18時 退勤。

や小学校入学前の子どもが多くの割合を占め、子どもの安全を確保するために一時保護するケースもあります。虐待の内容は心理的虐待がもっとも多く、つぎが身体的虐待、ネグレクト*、性的虐待と続きます。心理的虐待というのは、子どもが見ている前で親が夫婦げんかをしたりするもので、面前DV（ドメスティックバイオレンス）ともよばれ、問題になっています。

「お子さんの目の前で、父親か母親のどちらかが暴力をふるったり、暴言を吐いたり、場合によっては警察沙汰になったり。大好きなお父さんお母さんの争う姿を見て、『自分のせいだ』『自分には止められない』と罪悪感や無力感をおぼえてしまう子どももいます。その結果、感情のコントロールができなくなったり、体の不調を引き起こしたりすることもあり、心身への影響は大きいといえます」

虐待の場合、初動の調査や家庭訪問、学校での面接などを虐待担当の児童福祉司が行った後、継続した支援や指導、一時保護などが必要な場合は、地域担当の児童福祉司がかかわっていきます。順調な場合は半年以内に終了しますが、支援・指導に従ってもらえなかったり、ご家族が協力的でなかったりすると長くなります。

児童福祉法で定められている期間は原則として2カ月までとなっていますが、必要であれば延長でき、2年、3年と継続していくこともあるそうです。

## 子どもと家族との橋渡しも

久井さんが実際に対応したケースで、当時、中学生だった女の子を一時保護したことがあ

＊ネグレクト　衣食住を十分に世話しない、病気やけがの治療を受けさせないなど、適切な養育を親が放棄すること。

ったそうです。同居中の男性からの暴力を訴え、学校から子ども家庭支援センターを通して連絡が入ったので、駆けつけたのでした。

「一時保護の期間中、お子さんには面接や発達検査、知能検査などを行い、問題と向き合う場面をつくりました。一方、お母さんは男性とは別れて娘さんといっしょに暮らしたいとのことで、生活をし直す環境を整えてもらったのです。そして、お母さんから娘さんに謝罪してもらい、母子関係を調整してから家に帰りました。その後も1年ほどようすを見て、問題なかったので指導を終了しました」

児童相談所の職員は、お子さんと親御さんの両者と面接をしながら、二人がうまく暮らせるよう橋渡しをする役目もあります。

「二人になると衝突することもありましたが、心理的な検査結果をもとに『こういう言い方

児童相談センターの待合ルーム。親しみのある空間をめざしています

をしたらどうでしょうか』などと伝えて、お母さんにも態度を変えてもらいました。おかげでお子さんも自分の気持ちを伝えられるようになり、母娘の関係性が改善したのです」

　このようにうまくいくことばかりではなく、約束や連絡に応じてもらえないこともあります。あらゆる手段を使っても子どもと会うことができなければ出頭要求や立入調査を行い、それでも拒否された場合、ドアチェーンを切断して部屋に入り、強制的に子どもを保護することもあります。

「自分たちが虐待をしているという自覚もない親御さんもいますが、私たちはそこに介入して、子どもを救わなければいけません」

## うれしいのはよい報告が聞けたとき

　全国各地で児童虐待のニュースが相次いでいますが、報道されるようなものは氷山の一角にすぎないといわれます。そんな中で、久井さんは「やるべき職務として、一人でも多くの子どもを救いたい」といいます。

「氷山の全体まで何とか手を伸ばしていけるよう、日々職務にあたっています。親御さんと何度か面接をして、お話ししたことを実践していただき、『やってみたら、なんとかできました。ありがとうございました』とよい報告をいただくと、よかったなと思います。また、大変な状況だったお子さんの環境が変わって元気になり、『今こんなことをがんばってるよ』と教えてくれたときもうれしいですね」

　学校に通ったり、友だちと遊んだり、ご飯やおやつを食べたり、お風呂に入ったり、そんなあたりまえのことができない子どももい

最初のコンタクトは電話相談から、というケースも多々あります

ます。児童相談所の職員は、安心して生活が送れるよう子どもたちを支えているのです。

「児童相談所の仕事は一人ではできません。チームや多職種と連携しながら、みんなで話し合ってかかわっていきます。心が温かい人が多く、誰かが悩んでいたら声をかけたりして、精神的にも支え合っているところがありますね」

一人でかかえ込まずに、吐き出せる場所があるのもチームで働くメリットのようです。

「今後は新しい児童福祉司の育成にもたずさわっていきたいですし、自分もまわりといっしょに成長できるよう、チームの職員と力を高め合いながら子どもたちの福祉を守っていきたいです」

ドキュメント 5 社会福祉士

# 障害のある人たちの日常生活を支えるために

せたがや樫の木会
相談支援センターあい 所長
中川邦仁丈さん

## 中川さんの歩んだ道のり

小学4年生から高校3年生まで、障害者とともに山菜採り、キャンプ、スキー旅行などを行う活動に参加。障害者に対して「個性的な人だな」と思いつつ、偏見なく自然に交流するように。大学では福祉系の学部で学び、社会福祉士の資格を取得。障害者の複合施設、デイサービス、各種の事業所などで経験を積み、現在まで障害者の支援を行っている。

## 希望を実現するためのプランづくり

「せたがや樫の木会」は東京都世田谷区内に生活介護や居宅介護、就労継続支援などを行う11の事業所をもっています。社会福祉士の資格をもつ中川邦仁丈さんは複数の事業所で経験を積み、「相談支援センターあい」の所長を務めています。現在は相談業務が中心で、身体、知的、精神などの障害がある人たちが日常生活で不便だと感じることの相談に乗り、それを解決する手段を提案しています。

解決の手段としては、在宅生活を支援する居宅介護（ホームヘルプ）や外出を支援する行動援護や同行援護、医療的ケアを必要とする人の療養介護、施設に入所する人の生活の支援をする施設入所支援など、さまざまな障害福祉サービスがあります。また、身体機能の向上をめざす自立訓練や生活訓練、就労に必要な知識を身につける就労移行支援などのサービスもあります。

「障害者の方たちが福祉サービスを受けるためには、自立支援給付の申請が必要となります。私たち相談員は本人やご家族からの相談に応じ、情報の提供やアドバイスを行うとともに、必要に応じてプランニングを行い、『サービス等利用計画』というものをつくります。『働きたい』『一人暮らしがしたい』といった本人の希望を実現するためには、どのようなサービスを組み合わせて、どう使うか。また、どのくらいの時間が必要かというところから、サービス支給量を算出し、プランを立案して、関係機関との調整を行っていきます」

さらに今の制度では希望を叶えるのが難しい場合、高齢者が使っている有償ボランティアを障害者も頼めないかなど、「ソーシャルアクション」という社会資源へのアプローチをしていきます。また、プランを立てた後、それにもとづいたサービスが約束通り提供されているかを確認する必要があり、サービスの提供者から情報を聞いたり利用者の生活を見守ったりする「モニタリング」も行います。

この「サービス等利用計画」の作成からモニタリングまでが「計画相談支援」で、相談業務にたずさわる社会福祉士の大切な仕事です。計画が開始されてからも、その先の目標達成のためにいわゆるＰＤＣＡサイクル（計画→実行→評価→改善）の流れに沿って、見直しながら継続していきます。

## 支援をしながら障害者と社会をつなぐ

相談支援には「計画相談支援」の前に、幅広い相談に応じて情報提供や助言をしたり、行政や福祉、就労、保険、医療などの各種サービスとの連絡や調整を行ったりする「基本相談支援」があります。中川さんが担当している人は、１６０人ほど。一日に5件ほどの訪問や面接を行って対応していますが、そのなかには対応困難なケースとされるものも多いそうです。

「基本相談は『よろず相談』とよばれ、どんな相談にも乗ります。たとえば『水を飲み過ぎてしまうんです』という相談に対しては、コップで10杯以上飲んでいたのを『一日ペットボトル３本までにしましょう』と数量を決めて、構造化といわれている手法で本人にわかりやすく伝え、理想的な飲水量のアドバイスをすることで解決しました。ほかにも『エアコンが壊れたから修理してほしい』『ベランダに鳩が巣を作ってしまって困っている』など、いろいろな相談があります。知的障害のある方は段取りが組めないので、必要な業者さんなどに手配して作業をしてもらいました」

ご家族と面談をしてトータル的に支えていきます

頼まれれば何でもやるという中川さんですが、何でも屋さんのようなことをしながら障害者の方たちと社会とをしっかりつないでいます。

「私は医療的ケア児等コーディネーターの資格をもっているので、人工呼吸器など医療的ケアの必要な方にも対応できるほか、自閉症や高度障害状態の方ともかかわってきました。介護支援専門員（ケアマネジャー）の資格もあるので、障害がある方の家庭で親御さんに介護が必要になった場合、家族全体を支えるトータルプランを考えることもあります」

## 将来に向けた日々の積み重ねが大事

中川さんが担当している方の事例を紹介し

ていただきました。30代男性のケースです。

「中学生のときに脳腫瘍を発症して四肢が不自由になり、現在は人工呼吸器の管理や痰吸引が必要です。彼には親元を離れて一人暮らしをするという夢があったので、同様に重い障害がありながらも一人で暮らしている人を紹介したんです。そうしたら、その人は＊ボッチャの日本代表選手で、彼も誘われて練習に参加するうちにハマり、現在は東京オリンピック・パラリンピックの出場をめざすほどになりました。医師や医療関係者の協力も得て、24時間の重度訪問介護が受けられるよう行政にかけ合い、一人暮らしも実現しました」

もう一人、自閉症の方のケースです。自閉症の人は予定変更や見通しの立たないことへの不安が強く、＊不穏になることがあります。

「彼は大声で騒いだり、外でも寝転んだり『不適応行動』と呼ばれる行動障害があり、私は『嫌なことや気になることがあったら言ってね』と何年もずっと彼に言い続けていました。親御さんも半信半疑ながら協力してくれていました。すると、ある日突然『○○が嫌でした』『○○が気になります』と言ってくれるようになり、それから不適応行動がまったくなくなったんです。お母さんからも『やっとわかりました。そういうことだったんですね』と喜んでいただきました」

障害者の支援は、日々の積み重ねが大事で、結果が出るまでに5年も10年もかかることも多いそうです。でも支援する人たちは、今の声かけが将来どう影響するのか、ということを考えながら続けているのだとか。

「時間がかかっても、本人の将来の可能性にかけてアプローチを続けていくことで、落ち

＊**ボッチャ**　運動能力に障害のある競技者向けに考案されたスポーツで、パラリンピックの正式種目にもなっている。

＊**不穏**　おだやかでないこと。落ち着かない状態であること。

着いて過ごせるようになったんです。このような事例は、自分の自信にもつながりました」

## 支援する人の人生をいっしょに歩める

福祉業界をめざす人は「人の役に立ちたい」「困っている人を助けたい」という動機をもつ人が多いかもしれません。しかし、中川さんの経験上、それだけでは続かないそうです。

「専門的な知識をもってプロとして行うのが福祉職なので、『人の役に立ちたい』『困っている人のために』という自己犠牲の上には成り立たないんですよ。なぜなら、ほんとうに役に立ったかどうかは、自分ではなく相手が判断することだからです。ただ、『人の役に立ちたい』という思いから福祉の世界に興味をもつのはよいことだと思います。勉強していくうちに自分のやりたいことが見えてきて、自分がしたことで支援を受けた人たちの生活が変わっていき、数年後でも結果としてよかったと言ってもらえたらいいですね」

相談員の仕事について若い人たちに伝えることも　取材先提供

相談員の仕事の魅力について中川さんは、「自分がかかわることで、その人の人生をいっしょに歩めること」だといいます。

「ふつうは人の人生に寄り添うことはできても、自分の人生しか歩めません。でも、この仕事をしていると、その人の人生をいっしょに歩めるんです。喜怒哀楽の感情も共感でき、楽しいときはいっしょに笑い、悲しいときはいっしょに泣く。相談業務を通して、その人たちが豊かな生活を送れるようになっていくとうれしいです」

相談に訪れる家族などにも支援の方法を伝えるとともに、「あまり無理しないでくださいね」と気遣う言葉を忘れません。かかえ込んでしまうと、家族や周囲の人が支援を続けられなくなるので、「背負わず気負わず」の支援をアドバイスしているそうです。

## 自立した生活を生涯を通して支えたい

その人が自分らしい生活を送る支えとなるための制度や人のことを社会資源といいます。社会福祉施設も職員も、家族や家庭も資源ですが、いちばん大事な資源は本人です。その力を引き出すのが社会福祉士の大きな役割だと中川さんはいいます。

「今、家族といっしょに生活している障害者の方の多くは、将来、家族と暮らせなくなったら、グループホームや施設で生活することになります。そのときに不穏な状態に陥ることなく、落ち着いた状態で入所生活を送るためには、通所により支援をある程度構築しておく必要があります。環境が変わって不穏になったら、いちばん大変なのはご本人です。通所施設は、5年後10年後、もっと先を見据えて支援するべきだと思っています」

一方で、障害のある子どもの親は自分たちが高齢になった後、子どもは入所施設かグループホームで生活するしかないと思い込んでいるとか。でも、支援を受けながら、自宅で生活を送ることも可能になってきました。

これから利用者さんの家を訪問します

「『8050問題』*が社会問題になっているように、親御さんは子どもの将来を心配しています。『自宅で生活してもヘルパーさんがいますし、どうにかなりますよ』と言うと驚かれることが多いですが、自宅に住み続けられると知って安心される方もいます」

中川さんは今後、障害がある方も住み慣れた地域で安心して暮らせるよう、成年後見制度の利用の相談を受ける「成年後見センター」を発足したいと言います。

「『せたがや樫の木会』で計画相談支援、地域相談支援に加え、成年後見制度利用支援が行えるようになれば、障害のある方の自立した生活を生涯支えることができます」

今だけでなく、先を見越した支援を大切にしている中川さんの思いは、枝葉ではなく一本の幹として伸び、広がっていくでしょう。

＊8050問題　長期のひきこもりなどにより、80代の親が50代の子どもの生活を支えるという問題。

ドキュメント 6 ケアマネジャー（介護支援専門員）

# 住み慣れた地域での高齢者の暮らしを支える

ケアネット
ケアステーション多摩
中馬三和子さん

## 中馬さんの歩んだ道のり

中学時代、ボランティア活動で老人ホームなどの慰問や交歓会を行い、地域の高齢者とかかわる。高校卒業後、福祉系の専門学校に進学し、高齢者の福祉を学び、地方都市や東京都内の特別養護老人ホームなどに勤務。ケアマネジャーの資格取得後は、介護に関する地域の人たちの相談に乗り、情報提供などを行うとともに専門機関との間をつないでいる。

## 介護の悩みに親身になって対応

中馬三和子さんが代表を務める「ケアステーション多摩」は、２０１９年に事業を開始した介護事業所です。経験豊富な３名の女性ケアマネジャー（介護支援専門員）が困っている人の悩みに耳を傾け、業務を行っています。

長年、介護の仕事にたずさわり、家庭と両立してきた中馬さんですが、家族のために自宅の近所で夜勤のない仕事をしたいとの思いがあり、ケアマネジャーの資格を取ることを決意。その後、長年暮らしている地域で業務を続けてきました。

「私がケアマネジャー資格を取得したのは、介護保険制度が創設された翌年の２００１年でした。この地域で20年以上暮らしているので、地元を知っているということが強みです」

ケアマネジャーの仕事でメーンとなるのが、介護サービス計画書（ケアプラン）の作成です。介護サービスを利用するために、介護認定を受けます。まず、認定調査員が本人や家族の状況を把握するために自宅を訪問してヒアリングを行います。そして、調査結果をもとにしたコンピュータによる一次判定と、医師によって作成される「主治医意見書」をもとにした二次判定を経て、要介護度（要支援1～2、要介護1～5、または自立）が判定されます。その後、依頼を受けたケアマネジャーが、どんなサービスを利用するのが最適かを考えて、介護サービス計画書を作成し、本人や家族の同意が得られれば完成となり、介護サービスがスタートします。

「どのような生活を送りたいのか、ご本人やご家族の希望を聞きながら『このような方向でやりましょう』と目標を決め、その実現のために必要なサービスを検討していきます。たとえば、自宅の廊下に手すりをつけるべきか、歩行器やベッドなどを借りたほうがよいか、訪問介護やデイサービスなどを週何回利用するかなど、できるだけ具体的にイメージしていただいてから決めるのがポイントです」

その後もケアプラン通りにサービスが実行されているかを月1回以上、訪問してモニタリングし、その結果を記録することが義務づけられています。

ケアマネジャーが担当する利用者の数は、居宅介護支援事業所では「利用者35人につき一人の配置」が基準となっています。中馬さんも一人ひとりの利用者さんに対し、親身になって対応しています。

## 本人や家族の思いに寄り添う

ケアマネジャーに望まれる資質のひとつは、「聞き上手」になること。本人や家族の話を表面的に聞くだけでなく、ほんとうに伝えようとしていることが何かを考えながら聞き取る必要があります。

「その人の自宅で暮らしたいという思いに、どう寄り添っていくかが大事で、伴走者的な感じに近いと思っています。介護をする側の家族の訴えを聞くと、介護の負担を減らすためにヘルパーさんやデイサービスの利用などが検討されます。しかし、介護を受けるのはご本人なので、ご本人の希望はどうなのかを考えなければなりません。また、持病がある場合は主治医の先生の判断も確認し、ご本人像を正しく知るようにします。場合によって

地域包括支援センターの担当者と連携をして利用者さんを支えます

は、こちらから先生に『こんなケアをやってみようと思いますが、どうでしょう』と尋ねることもあります」

病院の退院調整からケアマネジャーが入るケースも多いそうです。たとえば脳梗塞で倒れた人は、1カ月くらい急性期の病院に入院して、その後、リハビリ病院に移って3カ月ほどで退院することになります。ようやく退院が決まってそれまで暮らしていた家に戻っても、倒れる前とは身体状態がまったく違い、あたりまえのようにできていたことができず、うつ状態になってしまう人もいるそうです。

「退院後、スムーズに日常生活を取り戻すためには、早めの準備が必要です。十分話し合った後、ご本人とリハビリスタッフが家屋調査を行い、自宅で過ごすには何が必要か、環境整備のためにどこを直したらいいかなど、ご本人の状態を見ながら確認し、退院後の生活がイメージできるようにしています。なかなか難しいですが、改修工事を終え、福祉用具の用意や介護サービスの手配などができた状態で、退院の日が迎えられるのが理想です」

## セルフネグレクトでゴミ屋敷に

最近は長生きをする人が増えましたが、自分たちが高齢になっても介護が必要になることに対して、実感がわかない人も多いそうです。しかし、介護保険サービスは誰でもすぐに利用できるわけではなく、きちんと手続きを踏んで、申請をしなければなりません。

「介護保険の申請について役所などに相談すると『地域包括支援センターに相談してみてください』と言われるので、そこが最初の窓口になりやすいです。その後は私たちもいっしょに動くことが多く、訪問後に誰が中心となってどう分担して動くか決めます。ふだんからかかりつけの病院がない人は、病院の先生につなぎます。自分で病院に行けなければ、自宅まで往診に来てもらいます。あきらかに認知症や精神疾患があると思われる場合、精神科の先生に頼むと、その視点で意見書を書いてくれ、要介護の認定が出やすくなることもあります」

近年、増えているのはセルフネグレクト（自己放任）というもの。具体的な例としては、部屋の片づけができずに「ゴミ屋敷」の状態になってしまったり、食事ができていなかったり、トイレに行けなくなったりします。

「もともときれい好きな人でも、たとえば高齢期のうつ状態とか、足腰が痛くなったとか、ちょっとしたきっかけで動けなくなり、身のまわりのことが徐々にできなくなっていくんですね。私たちが訪問したときには、家じゅうがゴミだらけで、冷蔵庫の中身も全部腐っていたり、低栄養でトイレにも立てず失禁していたりして、室内に臭いが充満しているような状態で。それを『食べられないものは捨てますよ』『室内を通りやすくしますよ』などと確認しながら、片づけるんです」

その人の生活状況から、介護にかけられる費用も見極めなければなりません。介護度に応じて限度額が決められていて、限度額の範囲内なら介護サービスの自己負担分は1割（一定以上の収入がある場合は2〜3割）ですが、一人暮らしの方や年金生活の方は、経済的に余裕のないことが少なくないそうです。

「デイサービスでも食事は自費ですし、訪問診療や訪問介護を利用すると医療費も加わ

中馬さんが働くケアネット ケアステーション多摩

るので、在宅介護に月4～5万円はかかることが多いです。ですから失礼かもしれませんが、最初に『支払いは、月にいくらくらいまでだいじょうぶですか。無理のない範囲で考えてくださいね』と必ず聞いてからプランを組んでいきます。住みやすい部屋に入居できれば、長く自立生活が続けられますから、アパート探しの代行をすることもあります。協力的な不動産屋さんに、平地に立ち、1階にある部屋で、スーパーマーケットやコンビニエンスストアが近いなど、高齢者が住みやすい条件の物件を紹介してもらっています」

困窮している人には生活保護の申請や、特別養護老人ホームへの入居を検討することもあるそうです。また、認知症になると自分でお金が管理できないので、契約もできません。きょうだいなどがいてもトラブルになるのを嫌がって、お金の管理は断られることも少なくないとか。そのような場合、成年後見制度を利用することになるそうです。

## 地元で「暮らす」を支える

中馬さんは、ケアマネジャーには、地域づくりの視点が求められるといいます。自分たちが地域に溶け込むために、町内会や自治会の仕事も喜んで引き受けていて、市議会議員の方などとも顔見知りなのだとか。

「ケアマネジャーは、いかに情報をもっているか、情報源とつながっているかが大事です。私はこの地域に長く住んでいるので、医師や看護師、その他の医療従事者、行政などともつながりがあり、顔の見える関係で話ができます。患者さんで介護のことで困っている人がいたら『とりあえずケアマネジャーさんに相談してみて』と私の名刺をコピーして渡してくれたりしています。おかげで、ありがたいことにみんなが声をかけてくれるんですね」

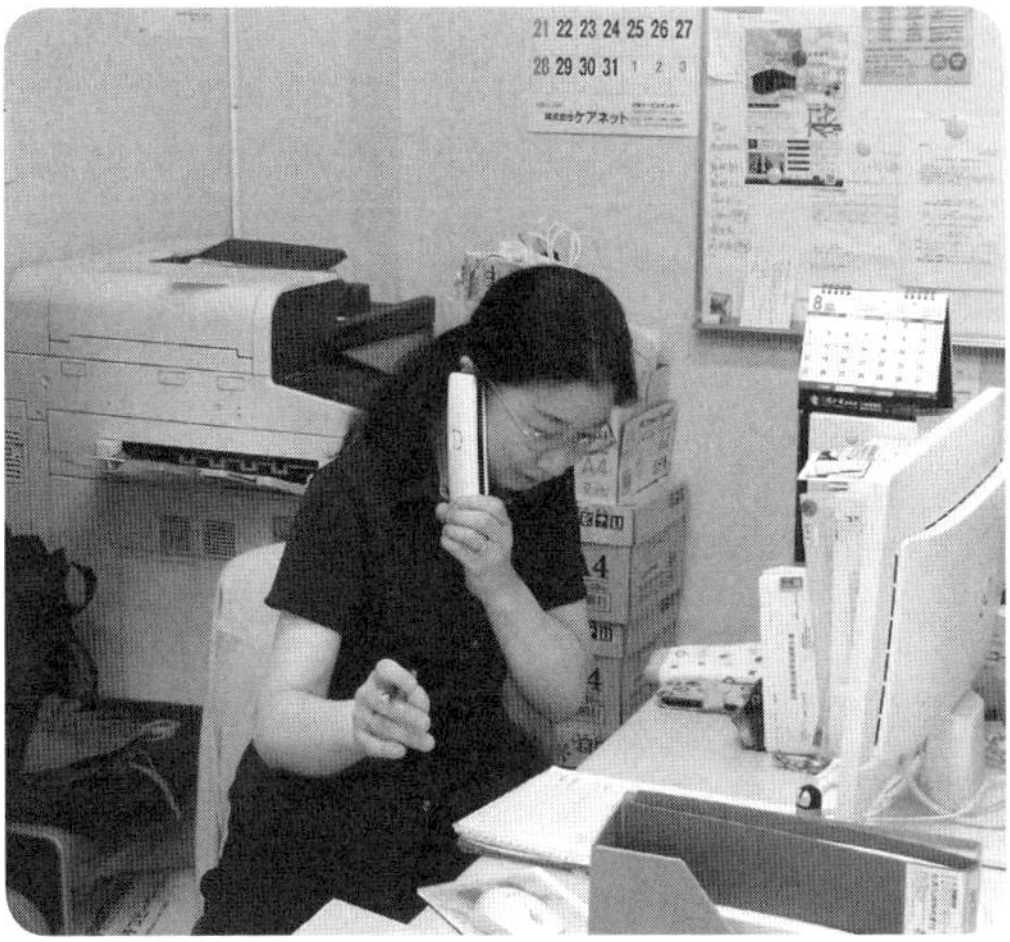

電話で相談を受けることも

川崎市介護支援専門員連絡会の副会長と会長を務めた経験もあり、現在は神奈川県介護支援専門員協会の常任委員理事でもある中馬さん。仲間が孤立しないよう、勉強会を開くなどして横のつながりも大事にしています。

「役職に就かせていただいたおかげで多方面とのパイプができ、情報をもらいやすくなりました。そして、自分がつながったものをみんなにもつなげていきたいと思っています」

目標は「地域ど密着！」。中馬さんは地域で暮らす人のことを考え、望んだ場所で「暮らす」を支えたいといいます。

「地域をよくしていくには、まず自分たちが地域のことをよく知ることから始めなければいけません。ですから、私たちは地域に根づき、『困ったときのケアネットさん』と言われるようにがんばっています」

# 社会福祉全般の知識はもちろん、関連する医学や心理学、介護などの専門知識も必要

## 相談を受けつける窓口はいろいろ

福祉業界の職種のなかでも相談に応じる仕事は、困っている人たちが福祉サービスを受けるために重要な役割を担っています。福祉に関する相談内容は、高齢や介護、障害、生活の苦しさ、子育て、教育など幅広く、いくつもの分野に分かれています。困りごとがあってもどこに相談すればいいのかわからない人や、困りごとが複数ある人もいます。福祉の助けを必要とする人は増えていますが、福祉制度はとても種類が多く複雑で、正確に理解することは難しいため、相談に応じる専門家が必要とされているのです。

最近では、制度や分野ごとに分かれた縦割りの支援ではなく、福祉の各分野を超えた包括的な支援をめざして、総合相談窓口を設けるところも出てきています。

## 福祉サービス全般を対象とした窓口

市区町村や都道府県に設置されている「福祉事務所」は、高齢者、障害者、児童、母子、生活困窮者などを対象とし、福祉サービス全般の相談に応じています。福祉事務所ではソーシャルワーカーをはじめ、さまざまな専門職が対応し、サービス利用開始の決定や調整までを行います。

全国・都道府県・区市町村のそれぞれに組織されている「社会福祉協議会」は、誰もが暮らしやすいまちづくりのためにさまざまな活動を行っている中で、福祉問題など生活全般にかかわるあらゆる相談に応じています。必要に応じた情報提供や専門機関・施設の紹介などを通じて、問題の解決の支援を行っています。

## 高齢者を対象とした相談窓口

高齢者についての相談には、市区町村の担当課（介護保険課・高齢者福祉課など）が対応するほか、2006年に設けられた「地域包括支援センター」が専門的な支援を行っています。地域包括支援センターは、自治体によって呼び方が違うこともありますが、高齢者が健康で自分らしい生活を長く続けられるよう市区町村に設置されています。介護・福祉・保健・医療などさまざまな面から総合的に支援することを目的としているため、ケアマネジャー（介護支援専門員）・保健師・社会福祉士がチームで対応しています。

また、病院に入院や通院をしている場合、院内にいる医療ソーシャルワーカーや看護師に退院後の生活のこと、医療費などの経済的なことなどが相談できます。

そのほか、社会福祉法人や医療法人、ＮＰＯ法人やボランティア団体、民間企業などでも、高齢者の生活や介護などについての相談に対応しているところがあります。

## 障害者を対象とした相談窓口

障害のある人についての相談には、市区町村の担当課（障害福祉課など）や「相談支援事業所」「地域活動支援センター」などが対応しています。これらの相談機関では障害福祉サービスの利用に関する情報提供やアドバイスを行い、必要に応じて福祉サービス利用計画を作成したり、関係機関の調整を行ったりします。

相談や指導のうち、専門的な知識・技術を必要とするものを扱う「身体障害者・知的障害者更生相談所」もあります。全国各地の「保健所・保健センター」では障害や病気に関する相談ができ、「精神保健福祉センター」などでも専門的な相談に対応しています。

各都道府県にある「障害者就業・生活支援センター」は、就職に向けての準備、職場への適応、就業にともなう日常生活の社会・生活の悩みなどの相談に対応しています。都道府県ごとにある「地域障害者職業センター」では、就職や職場定着、職場復帰などの目標達成に向けて、職業相談や職業評価を行い、職業リハビリテーション計画を策定します。

## 子どもを対象とした相談窓口

子どもと子育て家庭の総合相談には、市区町村の担当課（子育て支援課など）が対応するほか、虐待や貧困などの理由で保護者からの養育を受けられない子どもや、精神障害や発達障害の子ども、非行少年など、児童を対象とした相談には「児童相談所」や「児童発達支援センター」などが対応します。児童相談所では児童の養育、保護、育成などについ

ての相談に応じ、福祉事務所や児童福祉施設、学校、児童委員などと連携し、要保護児童の判定、一時保護、施設入所の決定などを行います。

「子ども家庭支援センター」は子どもと家庭に関する総合相談窓口で、子どもや子育て家庭に関するあらゆる相談に応じるほか、ショートステイや一時預かりなどの在宅サービス、子育てサークル支援やボランティアの育成などを行っています。障害のある子どもの教育についての相談は「教育委員会」や「特別支援教育センター」などで受けつけています。そのほか、いじめ・不登校・虐待相談など子ども本人からの相談に、電話やメールで対応する窓口もあります。

## 心と体の健康についての相談を対象とした窓口

不眠やうつなど心身の不調についての相談や家庭内暴力、思春期問題、アルコール・薬物依存症といった相談に乗るのが「保健所・保健センター」です。保健師、医師、看護師、精神保健福祉士、臨床心理士などの専門職が電話や面談で対応します。

特に心の健康や精神科医療についての相談に乗るのが「精神保健福祉センター」で、デイケアや家族会の運営などを行っているところもあります。

いじめや不登校など学校に関係した問題についての相談は「教育センター」などでも相

談でき、発達障害や引きこもりといった特定の問題に特化した相談窓口もあります。

## 相談業務の流れ

相談業務は、電話や来所、訪問などで相談を受けつけるところから始まります。相談者本人だけでなく、家族を交えて面談を行うこともあります。どんなことに困っているか、どんなサービスを利用すれば解決しそうかなど、できるだけ具体的に聞き出します。

そして、本人の要望をはじめ、さまざまな事情を考慮しながら、最適な福祉サービスを模索していきます。一回あたりの相談時間は1時間くらいですが、必要があれば何度も話し合います。提供する福祉サービスが決まったり、悩みや課題が解決したりすることで、ひとつの案件は終了となりますが、またつぎの目標を設定して、一人の利用者と長くつきあっていくケースもめずらしくありません。

なるにはコース

# ほとんどの場合、相談を受けるには専門的な資格が求められる

## 資格を取得することが就職の入り口に

さまざまな相談に応じる福祉の仕事に就くためには、資格をもっていることが条件であることが多いです。福祉施設には種類や規模により、決められた人数の専門職員を配置することが義務づけられているため、資格があったほうが有利なのは間違いないでしょう。公共の福祉施設に就職したいのならば、公務員試験に合格する必要があります。相談業務の仕事に就く前に、福祉施設などで働く人も多く、現場での経験を通してサービスの内容や利用者の立場などを知っておくと、相談を受けるときに役立ちます。

相談に応じるためには、相手の話を聞くのが得意で、コミュニケーションが上手なことも求められます。つらい状況や気持ちに共感し、相談者が求めていることを理解し、最適

なサービスは何かを検討しなければならないため、相手の立場で親身になって物事を考えられる人に向いているといえるでしょう。相談を受けて終わりではなく、福祉サービスを提供する事業所や関連する機関など、外部との相談・連絡・調整を行い、利用者とつなぐことも役割のひとつです。責任感をもって最後まで対応し、相談者はもちろん、解決に向けてかかわる多職種の人たちとの信頼関係を築くことも大切です。

## 関連する資格・職種

### ●社会福祉士

社会福祉士が対応する相談内容は幅広く、福祉分野すべてが対象となります。つまり高齢者、障害者、子ども、医療など、複数の分野にまたがって幅広い活躍の場があります。社会福祉士と名乗って働くには、国家資格を取得することが必要です。一般的には「ソーシャルワーカー」と呼ばれ、高齢者福祉施設や障害者福祉施設、行政機関などの相談窓口では「生活相談員」や「生活支援員」、病院では「医療ソーシャルワーカー」、児童相談所などの行政機関で働く場合は「ケースワーカー」、学校で児童や保護者の相談援助を行う場合は「スクールソーシャルワーカー」など仕事の分野によって名称が異なります。

受験資格を得る方法は複数ありますが、4年制の福祉系大学に入学し、定められた科目を修めることがもっとも近道です。

## ●精神保健福祉士

精神保健福祉士は、統合失調症や認知症、発達障害など、精神になんらかの病気や障害のある人の相談援助を行うことが主な仕事です。その人らしい生活を送ることができるよう行政機関や福祉施設などと連携しながら支援を行います。

受験資格を得る方法は複数ありますが、社会福祉士と同じく4年制の福祉系大学に入学し、定められた科目を修めることが近道といえます。

## ●社会福祉主事任用資格

社会福祉関係のソーシャルワーカーに必要な資格です。大学や短大で社会福祉に関する指定科目のうち3科目以上修めて卒業することで取得できます。通信教育でも修得が可能です。この資格をもっていれば、就職の最低要件は満たすことができます。

## ●ケアマネジャー（介護支援専門員）

高齢者施設や居宅サービス事業所には、必ずケアマネジャーを置くことが義務づけられています。介護が必要な人やその家族などからの相談に応じ、適した介護サービスを受けられるようケアプラン（介護支援計画）を作成し、連絡・調整を行います。

受験資格を得るには、国家資格などにもとづく業務（社会福祉士、介護福祉士、看護師など22資格)、または生活相談員、支援相談員、相談支援専門員、主任相談支援員のいずれかの業務の通算年数が5年以上必要です。試験に合格した後は、さらに「介護支援専門員実務研修」を受けて手続きをし、介護支援専門員証の交付を受ける必要があります。

●相談支援専門員

障害のある人や家族の相談に乗りながら、福祉サービスの利用計画などを作成します。扱う範囲は、保健、医療、福祉、就労、教育など、多くの分野にわたります。

相談支援専門員になるには、障害者の相談や介護などの実務経験と「相談支援従事者初任者研修」の修了が義務づけられています。また、資格取得後も5年に一度の研修を受講する必要があります。

●児童福祉司

児童相談所の職員として、18歳未満の子どもに関する相談に応じます。児童心理司などと協力して、専門知識や調査にもとづいた適切な指導を行います。

児童福祉司として働くには、児童福祉司任用資格が必要です。大学や短大の心理・教育・社会学に関

する学部・学科を卒業し、1年以上定められた施設で勤務する方法が主流です。

## ●児童指導員任用資格

児童福祉関係のソーシャルワーカーに必要な資格です。短大や大学の社会・教育・心理・社会福祉に関連する学部・学科や指定の養成機関を卒業するか、小・中・高いずれかの教員免許を取得しておくことなどが必要です。この資格をもっていれば、就職の最低要件は満たすことができます。

## ●臨床心理士

心の悩みをもつ人の相談に臨床心理学の知識や技術を用いて応じ、解決に導きます。

臨床心理士の資格を取得するには、日本臨床心理士資格認定協会が実施する試験に合格して認定を受ける必要があり、受験するには指定された大学院を卒業することが必要です。試験に合格した後は手続きをし、資格認定証書の交付を受ける必要があります。

## ●公認心理師

２０１７年にできた心理職ではじめての国家資格です。今のところ、臨床心理士と仕事内容はそれほど変わらないと考えられていますが、今後の役割が期待されています。

４年制大学で指定科目を履修した後、大学院で指定科目を履修することなどで受験資格が得られます。

# 4章

# 身体機能の回復を図る福祉の仕事

ドキュメント 7 理学療法士

# 一人ひとりに合ったリハビリを提供する

山田記念病院
森島遥平さん

## 森島さんの歩んだ道のり

中学時代、サッカーの練習中に足首をけがしてしまうが、理学療法のおかげで順調に回復し、最後の試合に出場できた経験をもつ。医療職にもあこがれがあり、調べるうちあらためて理学療法士の仕事内容に魅力を感じるようになった。大学の理学療法学科で学び、資格を取得。病院に勤務しながら、終業後は大学院に通い、研究活動も行っている。

## 白衣で働くことにあこがれて

理学療法士の主な役割は、病気やけがなどで「起きる」「立つ」「歩く」「走る」などの日常生活動作ができなくなった人たちの体の運動機能を回復し、以前の生活が取り戻せるように手助けすることです。運動機能を回復するための理学療法で行う訓練や治療をリハビリテーション（リハビリ）といいます。

たとえば、骨折をした人から「退院したら買い物に行きたい」、家族からは「また転ばないか心配」と要望された場合、「なぜ歩行が不安定か」を分析し、筋力の低下や心肺機能の低下、バランス機能の低下、神経系の問題など、さまざまな要因から原因を特定します。そして買い物に行ける状態をめざして、筋力が原因なら筋トレ、体力が原因なら持久力をつける訓練など、個別にリハビリを行います。

森島遥平さんが理学療法士をめざしたのは、中学時代の経験があったからだそうです。

「サッカーの最後の公式大会の2カ月前に足首をけがしたのですが、理学療法士と顧問の先生が話し合って自分だけの運動メニューを立案してくれ、『いっしょにがんばろう！』とはげましてくれたんです。心身両面からのフォローによって試合に出場できたことから、自分もサポートする側になれたらと思うようになりました。実は、白衣を着て働く姿にあこがれていたという理由もあるのですが」

森島さんが働く山田記念病院には20名以上の理学療法士がいて、外来や入院病棟、訪問でリハビリを行っています。多い症例は大腿骨や腰の骨折、脳卒中が原因の麻痺などで、交通事故によるけが、糖尿病の合併症で足が壊死し切断した人なども担当したと言います。

「看護師などの職種はチームでかかわりますが、理学療法士は担当制で一人が10人ほどをみています。数カ月間にわたって、毎日1、2時間のリハビリを行うので、一対一で深くかかわれることも魅力ですね。担当拒否など難しさを痛感したこともありますが、感謝の気持ちを示していただけることも多いです」

担当制といっても、班の中で先輩たちと話し合いながら治療を進めるとか。また、2週に一度はカンファレンス*を実施し、患者さんの情報を共有したり相談したりするそうです。

必要に応じて、車いすなどの福祉用具や義肢などの装具の使用を検討することもあります。装具は医師と義肢装具士のチームで話し合って、その人に合わせたものを作製し、試して調整する作業をくり返していきます。

## ネガティブなことは言わない

リハビリは続けることで効果が表れてくるものですが、しっかり取り組んでくれる人ばかりではありません。理学療法の難しさは「患者さんの真意を引き出すこと」にあるという森島さん。まず信頼関係を築くことが重要であり、「相手の思いに耳を傾け、どう寄り添うか」を大事にしているそうです。

「やる気がある方はうまく進行して期待通りの効果が得られますが、『痛いから』『疲れるから』とか、『がまんしてまでやりたくない』と言う人もいます。今でも後悔しているのは、仕事を始めて1年目に『がんばらないと寝たきりになりますよ』と言ってしまったこと。今は終わった後、『今日もがんばりましたね』

*カンファレンス　さまざまな職種のスタッフが集まって話し合いをすること。

と声をかけています。とにかくネガティブな発言はやめて、ポジティブに伝えています」

リハビリを行うとき、森島さんはしっかり会話をし、笑顔でリハビリテーションに取り組んでもらえるよう工夫していると言います。

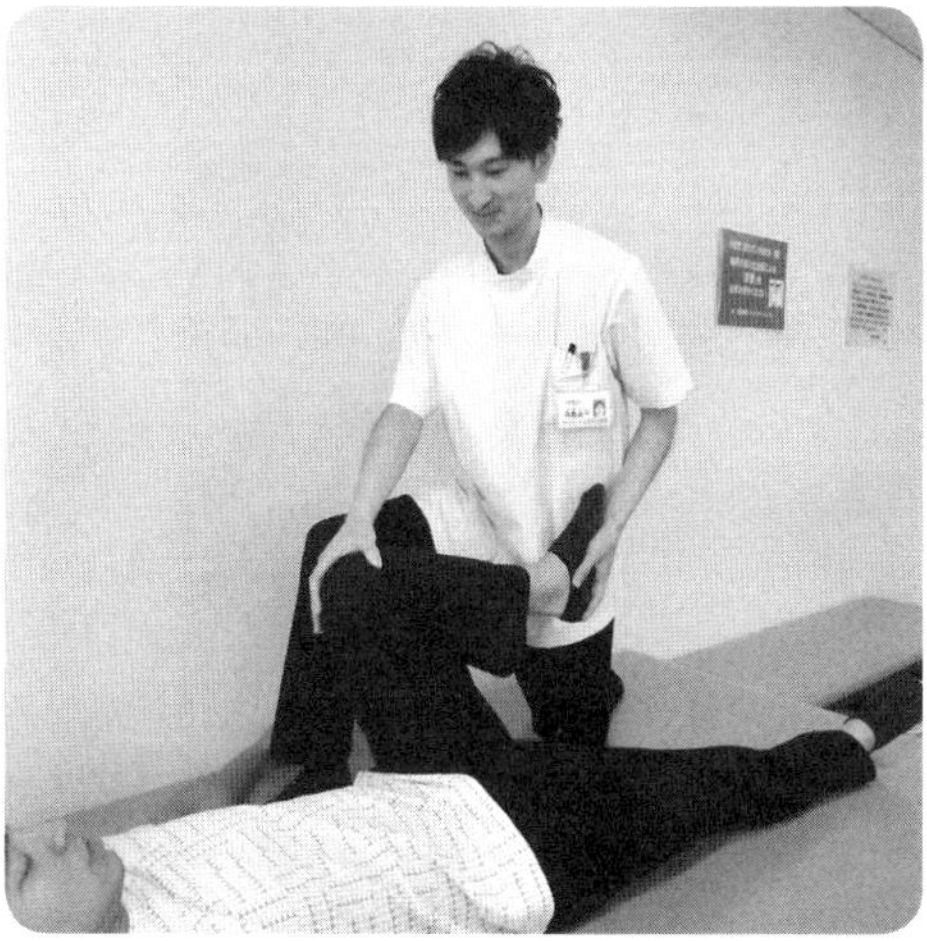

前向きにリハビリに取り組んでもらえるように心がけています

「いい関係性が構築できているときは、笑顔で取り組んでもらえることが多いですが、笑顔が見られないときは、もっといい関係を築かなければと思います。その人が興味をもっていることや趣味などの話をしたりして、少しでもリラックスできるようにしています」

**【森島さんのある1日】**

| | |
|---|---|
| 8時 | 出勤。患者さんの病状を確認。一日のスケジュールを立てる。 |
| 8時半 | ミーティング。書類業務。 |
| 9時 | リハビリを行う。午前中に4名を担当。 |
| 12時 | 昼食、休憩。 |
| 13時 | 他部署とのカンファレンス。 |
| 13時30分 | リハビリを行う。午後に5名を担当。 |
| 14時30分 | 家族やケアマネジャーなどを含めた退院前カンファレンスを実施。 |
| 16時30分 | 記録。書類業務。 |
| 17時 | 終業。 |

## 退院後のことも考えた目標を立てる

リハビリを継続するには、目標を立てることが欠かせません。たとえば、自宅に帰って生活することが目標なら、どのくらいの期間でどの程度まで回復するか予測して、経過を見ながら目標に向けて実行していくのだとか。

退院前には多職種と連携して、退院後も安心して生活できるように援助します。退院後もリハビリを継続したほうがよい場合は、ケアマネジャーと話して、「階段の上り下りがしたい」「自分でトイレに行きたい」といった目標を決めて、訪問のスタッフに引き継ぎます。

「訪問リハビリのスタッフにも毎日のように会う機会があるので、引き継いだ後もその人の近況を聞くことができ、回復していることがわかると安心しますね」

自主的なリハビリが継続できるように「自主トレーニング指導」も行っているそうです。

「個別的なメニューで『〇〇を何回やりましょう』などとイラストを使ってわかりやすく書いたものをお渡ししています。その人ごとに、弱い部分を強化できるようなメニューをつくります。無理せずに継続できるかどうかも考慮して、回数や量も考えます」

退院が決まった方の家をケアマネジャーや福祉用具専門相談員と訪問して家屋調査を行い、中心になって提案するのも理学療法士の仕事です。

「室内を見せていただいて、負担が少なくなる方法を検討します。たとえば、段差をなくすとか、ドアを引き戸にするといったバリアフリー工事もあれば、置くだけの手すりを設置する、浴室にすのこを敷くといった簡単な方法もあります。実際にうかがったお宅は3階まであって、階段がかなり急でしたので、いすに座ったままで昇り降りができる昇降機の設置を提案させていただきました」

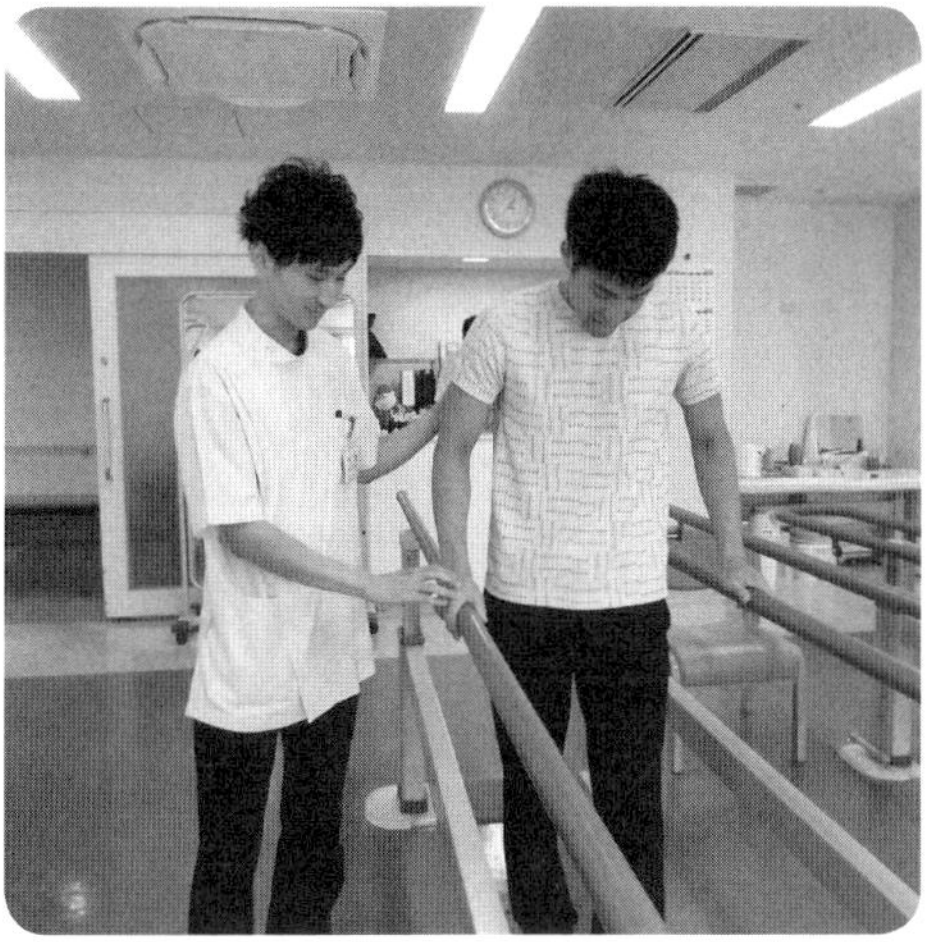
その方に合ったトレーニングを提案しています

バリアフリー工事は、条件を満たせば介護保険制度の補助金や市区町村の助成金が受けられますが、それなりに費用もかかるので、本人の希望を第一に家族の意見も聞いて、納得のいく状態にすることが重要です。

今後、ニーズがさらに拡大していくと予想される訪問リハビリも経験したいという森島さんは、教科書などに載っていない課題を解決し、理学療法を発展させたいという思いから大学院での研究にもかかわっています。

「大学院では筋肉を解剖して構造を観察するなど、肉眼解剖学的な研究にたずさわっています。理学療法の課題を解明し、論文や医学書の執筆をするのが研究分野での目標です」

そう語る森島さんは、これからも住み慣れた町で、最後までその人らしく生活できるよう多くの人を支えていきたいとのことです。

# 自立した生活ができるように身体機能の向上をサポートする

## 幅広いリハビリテーションの現場

身体機能の回復を図る仕事とは、つまりリハビリテーションの現場で活躍する職種になります。代表的なものとしては、理学療法士、作業療法士、言語聴覚士、視能訓練士、柔道整復師などがあげられます。

リハビリテーションの対象は、身体に障害のある人、精神に障害のある人、高齢者、難病の人などで、生まれつき障害のある人もいれば、事故や病気の後遺症などで身体が不自由になった人など、対象はさまざまです。

活躍の場は医療・福祉系の施設を中心として、多岐にわたります。病院や施設に通えない人の家に行ってリハビリを行う「訪問リハビリ」の需要も高まっています。

## さらに需要が高まりそうな機能訓練指導員

身体機能の回復を図る福祉の仕事として、大きな役割を果たしている職種に「機能訓練指導員」があります。機能訓練指導員という資格があるわけではなく、福祉関連の施設や病院などで、リハビリテーションを専門的に行う人のことをそう呼んでいます。利用者一人ひとりの障害の程度や能力に応じて、適切なリハビリプランを立てて実施し、自立した生活が営めるように支援していきます。

機能訓練指導員の仕事は、まず利用者の生活環境の確認や身体機能の評価から始まります。利用者本人や家族の希望を聞きながら、どのような訓練が必要なのかを判断し、機能訓練計画表を作成します。機能訓練はこの計画表に沿って行われ、経過や状態を見ながら、3カ月ごとに見直していきます。

機能訓練指導員として働くことができるのは、

看護師、准看護師、理学療法士、作業療法士、言語聴覚士、柔道整復師、あん摩マッサージ指圧師、鍼灸師のうち、どれかの国家資格をもつ人だけです。鍼灸師の資格をもつ人が機能訓練指導員になるためには、鍼灸師以外の機能訓練指導員が在籍する施設にて、半年以上の実務経験が必要です。

介護保険法によって、介護施設には1名以上の機能訓練指導員を必ず配置することが定められています。障害のある人や障害のある子どもを支援する施設でも、日常生活を営むのに必要な機能訓練を行う場合には機能訓練担当職員を置く必要があります。そのため、今後も機能訓練指導員の需要はより高まっていくと考えられます。

## 日常生活や社会生活に必要な支援を行う自立訓練

身体に障害のある人や難病の人などに対して、自立した日常生活や社会生活が送れるよう、施設に通うか居宅にて理学療法士や作業療法士などのスタッフが身体機能や生活能力の維持向上のために必要な支援を一定期間行うことを「自立訓練」といいます。自立訓練には、日常生活を行う上での基本的な動作のリハビリテーションを行う「機能訓練」と、食事、トイレ、入浴、家事などに必要な訓練や地域生活のルールやマナーのアドバイスなどを行う「生活訓練」の2種類があります。

長い間、施設で暮らしたり、病院に入院していたりした場合、日常生活に必要な能力が低下していることがあります。そこで住みなれた地域で暮らしていくために必要な能力の訓練や、悩みごとへのアドバイス、必要に応じて専門的な支援機関の紹介なども行います。

## 精神的な支えになることも求められる

リハビリを受ける人は、身体を思い通りに動かせない不安をかかえています。そのため、つらい気持ちに寄り添い、不安を取り除いて、精神的な支えになることも求められます。前向きにリハビリを続けてもらうには、意欲を引き出せるような温かい励ましも必要なのです。

リハビリの対象となる人たちは、年齢層も幅広く、症状もそれぞれ違います。一人ひとりの個性を把握し、信頼関係を築かなければならないため、コミュニケーション能力も問われます。また、医師や看護師、さまざまな職種のスタッフとチームを組んで働くことが多いので、職場内でのコミュニケーションも欠かせません。

一日に何人ものリハビリを担当するのはハードな仕事でもあり、治療中には利用者の体を支えたりすることもあるので、体力もあったほうがよいでしょう。

なるにはコース

# 専門性の高い仕事のため国家資格が求められる

## 手に職をつけて、一生の仕事にできる

身体機能の回復を図る福祉の仕事に就くためには、ほとんどの職種で国家資格が必要です。国家資格を取得するにはさまざまな方法がありますが、受験資格が得られる学校や養成所に通って学ぶのが近道といえます。

福祉の現場では、高齢化とともにリハビリテーションにかかわる仕事が増えてきています。そのため、理学療法士、作業療法士、言語聴覚士などは、特に有望な資格といえます。リハビリ系の専門職は、どれも医師の指示の下で一人ひとりに合ったプログラムを作成し、治療を進めるという点では共通しています。手に職をつけたい人には最適で、一生の仕事としてキャリアを積みながら成長していけるでしょう。

## 関連する資格・職種

### ●理学療法士

病気やけが、高齢化、身体の障害などで、歩く・立つ・座るなどの基本動作が難しい人に対して、運動機能の回復をめざしたリハビリテーションの指導をします。

理学療法士の国家資格を取得するには、国が定める4年制大学、3年制短期大学、専門学校などの養成施設で学び、国家試験に合格する必要があります。

### ●作業療法士

病気やけが、高齢化、身体・精神の障害などで、身体的、精神的に不自由さをかかえる人に対して、工芸、手芸、園芸、ゲームなどの作業を通して、機能の回復をめざします。

作業療法士の国家資格を取得するには、国が定める4年制大学、3年制短期大学、専門学校などの養成施設で学び、国家試験に合格する必要があります。

### ●言語聴覚士

言語機能や聴覚に障害のある人、食事の飲み込みが困難な人に対して、検査によって原因を探り、機能の回復へ向けたリハビリテーションを行います。

言語聴覚士の国家資格を取得するには、国が定める4年制大学、3年制短期大学、専門学校などの養成施設で学び、国家試験に合格する必要があります。

## ●視能訓練士

弱視や斜視など目に障害のある人に対して、検査によって状態を判断し、視力回復のための矯正訓練などを実施します。

視能訓練士の国家資格を取得するには、国が定める4年制大学、3年制短期大学、専門学校などの養成施設で学ぶか、または看護師や保育士の養成機関で指定科目を履修した後、指定の視能訓練士養成施設で1年以上必要な知識や技術を修得して、国家試験に合格する必要があります。

## ●柔道整復師

骨折・脱臼・捻挫などのけがをした人に対して、柔術に含まれる「活法」の技術を応用して痛みを緩和し、機能回復を支援します。

柔道整復師の国家資格を取得するには、国が定める4年制大学、3年制短期大学、専

門学校などの養成施設で学び、柔道整復と柔道の認定実技審査に通過した後、国家試験に合格する必要があります。

## ●あん摩マッサージ指圧師

手で身体をもんだり、ツボを押したりして血行をよくし、コリや痛みを和らげます。

あん摩マッサージ指圧師の国家資格を取得するには、国が定める4年制大学、3年制短期大学、専門学校などの養成施設で学び、国家試験に合格する必要があります。

## ●鍼灸師

「はり師」は細いはり（鍼）を使ってツボを刺激し、症状を改善します。もぐさを燃やしてツボに温熱刺激を与えることで治療する人は「きゅう師」と呼ばれ、はり師ときゅう師の両方の資格をもっている人を「鍼灸師」といいます。

鍼灸師の国家資格を取得するには、国が定める4年制大学、3年制短期大学、専門学校などの養成施設で学び、国家試験に合格する必要があります。

## ●看護師

医学的な知識を用いて病気やけがの処置、体調管理や保健指導などを行います。

看護師の国家資格を取得するには、国が定める4年制大学、3年制短期大学、専門学校などの養成施設で学び、国家試験に合格する必要があります。

# 5章

# 健康管理・病気予防のために働く福祉の仕事

ドキュメント 8 看護師

# 認知症の正しい理解と予防・早期診断のために

複十字病院
認知症疾患医療センター
認知症支援科
樋口里香さん

## 樋口さんの歩んだ道のり

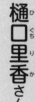

保健室の先生（養護教諭）になりたかったため看護専門学校に進学したが、勉強するうち看護師に魅力を感じるように。卒業後は総合病院に入職し、結婚後は地域のクリニックで赤ちゃんから高齢者までの看護にたずさわる。複十字病院では療養病棟勤務などを経て、認知症看護認定看護師の資格を取得し、認知症の予防、早期発見に力を入れている。

## 認知症の専門知識を学んで

地域社会と連携し、充実した医療を提供している複十字病院で働く樋口里香さんは、認知症看護認定看護師の資格ももっている認知症看護のプロです。

「療養病棟へ異動になったとき、認知症の患者さんと接する機会が増えたのですが、認知症のことを何もわかっていないことに気づいたんです。よかれと思ってやっていたことが、実は適切ではなかったと後で知ることもありました。そこで『勉強しなければ！』と思い、研修会などに行くようになりました。そうしたら、師長が『興味があるなら、認定看護師の教育機関で本格的に勉強したら』と勧めてくれたんです。自分の好きな分野だけでなく、不得意な分野も勉強でき、年代の違う人たちと学ぶことは刺激にもなりました」

資格取得後も2年ほどは副師長として勤務していた樋口さんですが、病院が東京都から地域連携型認知症疾患医療センターに指定されたことで、認知症支援の仕事がメーンになったといいます。

「認知症のある入院患者さんが安心して療養していただけるよう認知症ケアチームでサポートしています。新しく入院された患者さんと直接お話ししながら認知機能の評価を行い、病棟のスタッフと情報共有や意見交換をします。もの忘れ外来ともかかわっているので、進行予防のためにどうすればよいかをご本人やご家族にお話しする機会も多いです。退院後の生活を考えて、地域包括支援センターや訪問看護ステーションなどとのやりとりをすることもあります」

## 認知症予防は早期発見がカギ

認知症はできるだけ早期発見をすることが大切だといわれています。そのために樋口さんが所属する認知症疾患医療センターでは、どのような活動をしているのでしょうか。

「認知症は加齢とともに誰でもなりえます。早めに知って、予防や症状を軽減させるための対策をして、その人らしい生活を維持しましょう、というのが私たちの役割です。センター長は脳の画像診断を得意としていますので、少しでも心配でしたら受診していただきたいです。進行を遅らせるための薬もありますが、それよりも大事なのは生活習慣であり、適切なケアを含む生活環境づくりといえます」

現在、各市町村では「認知症ケアパス」というものを作成していて、認知症の方の状態に応じた適切な対応の流れが示されています。樋口さんは相談に訪れた方にそれを見せながら、生活習慣の大切さなどを説明し、具体的な予防プログラムや介護保険を使った予防サービスを紹介しているそうです。

「介護保険というと『自分にはまだ必要ない』と言う方も多いですが、『要介護状態を先送りして、自分の望む生活を続けるためにどんどん使う時代ですよ』といって、サービス内容や連絡先などをお知らせしています」

もの忘れ外来受診のきっかけは、家族が「ちょっとおかしいな」と気づいていっしょに来られるケースも多いそうですが、本人が「最近、何かと忘れっぽくて心配だ」と予約を取られる方もめずらしくないとのこと。年齢的にいちばん多いのは80代前後だそうですが、若年性認知症の方も通院されていて、年

気軽に認知症の知識を得られる「認知症カフェ」　取材先提供

代ごとに相談内容も違うため、信頼関係の構築に努め、個々に合わせた対応を心がけているといいます。

## 地域の人に正しい知識を広めたい

樋口さんたちは、地域の人たちに認知症の理解を深めてもらうため、イベントなどでも情報提供をしています。地域のお祭りなどのときに、簡易の認知機能検査の機械を使って無料相談会を行うと、「知るのが怖いからいいわ」と通り過ぎてしまう人もいる一方、希望者がズラリと並ぶそうです。

「高齢者の場合、認知機能が低下するのは特別なことではありません。放置してしまうほうがよくないので、怖がらないで受診してもらえるようにお声がけをしている感じです」

また、セミナーハウスなどで市民向けの講

演を行うこともあれば、認知症カフェでミニ講座を開催することもあるとか。認知症カフェは、お茶を一杯飲むついでに知識を深めてもらえたり、専門職に相談したり、同じ境遇の人同士が交流をしたりできる集いの場となっています。

２０１９年６月には、病院の駐車場や芝生道を開放して「きよせ複十字健向祭」をはじめて開催。各種測定体験コーナーや講演会などを行う健康ブースをはじめ、地元野菜の販売や軽食コーナー、写真撮影コーナー、演奏会など企画が盛りだくさんで、多くの来場者が訪れてにぎわったそうです。

「楽しみながら地域の人たちの健康の向上に貢献する機会として、これからも続けていきたいと思っています。そして認知症に対する不安や症状について悩んでいる方や、専門の病院にかかろうかと迷っている方がいれば、最初の窓口として相談だけでもしてもらえるように対応しています」

相談業務などについては、社会福祉士とチームで対応しているため、福祉の面でも勉強することが多いとか。

「ケースごとに社会福祉士さんといっしょに、どうすることが最善なのかを話し合って対応しています。ご家族が心配して病院までは来てくれても、ご本人や配偶者の方は自分たちにはまだ必要ないと思っていたり、もの忘れはあるけれど、特別に困ることはないし、ふつうだ、と思っていることはよくあります。自尊心を大切にしながら理解を深め行動してもらうかが難しいですね。また、ご夫婦や親子だけで自宅介護をしているようなケースだと、どうしてもイライラしてきつくあたって

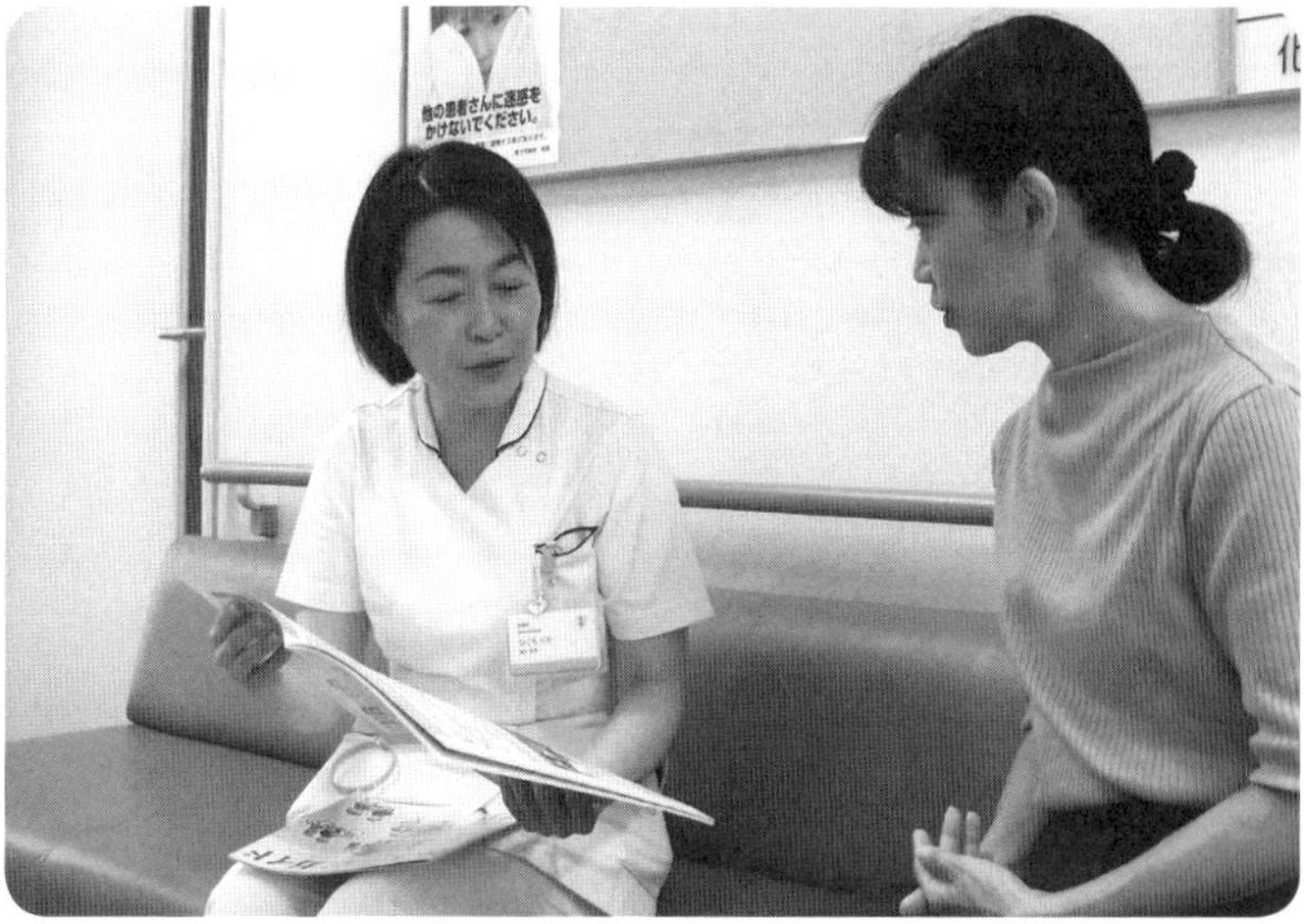


患者さんの状況を把握するために、ご家族との面談は大切な仕事

しまったりすることもあります。なかなか外からは見えづらいので、地域とつながりのある福祉職とともにかかわって、少しでもいい状態になるように努めています」

心配するあまり「その後、どうですか？」などとしつこく聞きすぎて、外来に来てくれなくなってしまったら逆効果です。決して押しつけにはならないよう、相手の立場に立ってかかわることが大切なようです。

## 認知症と「ともに生きる」ために

病状の診断や治療を行うのが医師の役割なら、看護師は患者さんやご家族の状態を理解し、身近な存在として支えるのが役割だと樋口さんは言います。医師からの説明を十分に理解してもらえているかを確認し、不十分な場合は補足説明を行うこともあります。地域の医療機関や介護関係者との連携を図って対応するのも、大切な仕事です。

「認知症はゆっくりと進行することが多いので、だんだんもの忘れが進んでいき、自分ではできないことも増えていきます。ご家族は以前のようすを知っているので、認知症で変わってしまった部分に目がいきがちです。でも、難しいのは百も承知ですが、あまり悲観的にならずに、前向きに温かく見守れるような環境で過ごせたらと思います。できないことが増えたとしても、その人自身としては変わっていないわけですし、本来もっている優しさや思いやりの気持ちなども残っています。介護する側もされる側も少しでも笑顔でいられるように、正しい知識を伝えてサポートしていきたいです」

家族だけで介護を続けていると、心身の負担が大きくなり、関係性が悪くなってしまうことも多いそうです。介護をする家族が倒れてしまったら、介護が必要な本人も困りますので、がんばりすぎないことが大事だとか。

「最近は、認知症に限らず多くの病気で『ともに生きる』という考え方が広まっています。認知症はある日突然なるわけではなく、急激に進行するものでもなく、続いていくものなので、うまくつきあっていく、と考えるのがよいと思います。本人の力を活かし、安心して希望をもって暮らし続けられるよう、私たち専門職はもちろん、地域の人たちもいっしょによりよい社会をつくっていくことが必要だと思います」

認知症になった人のなかには「こんな病気になって恥ずかしい」「みじめで仕方がない」と言う人もいるそうです。また、親が施設に

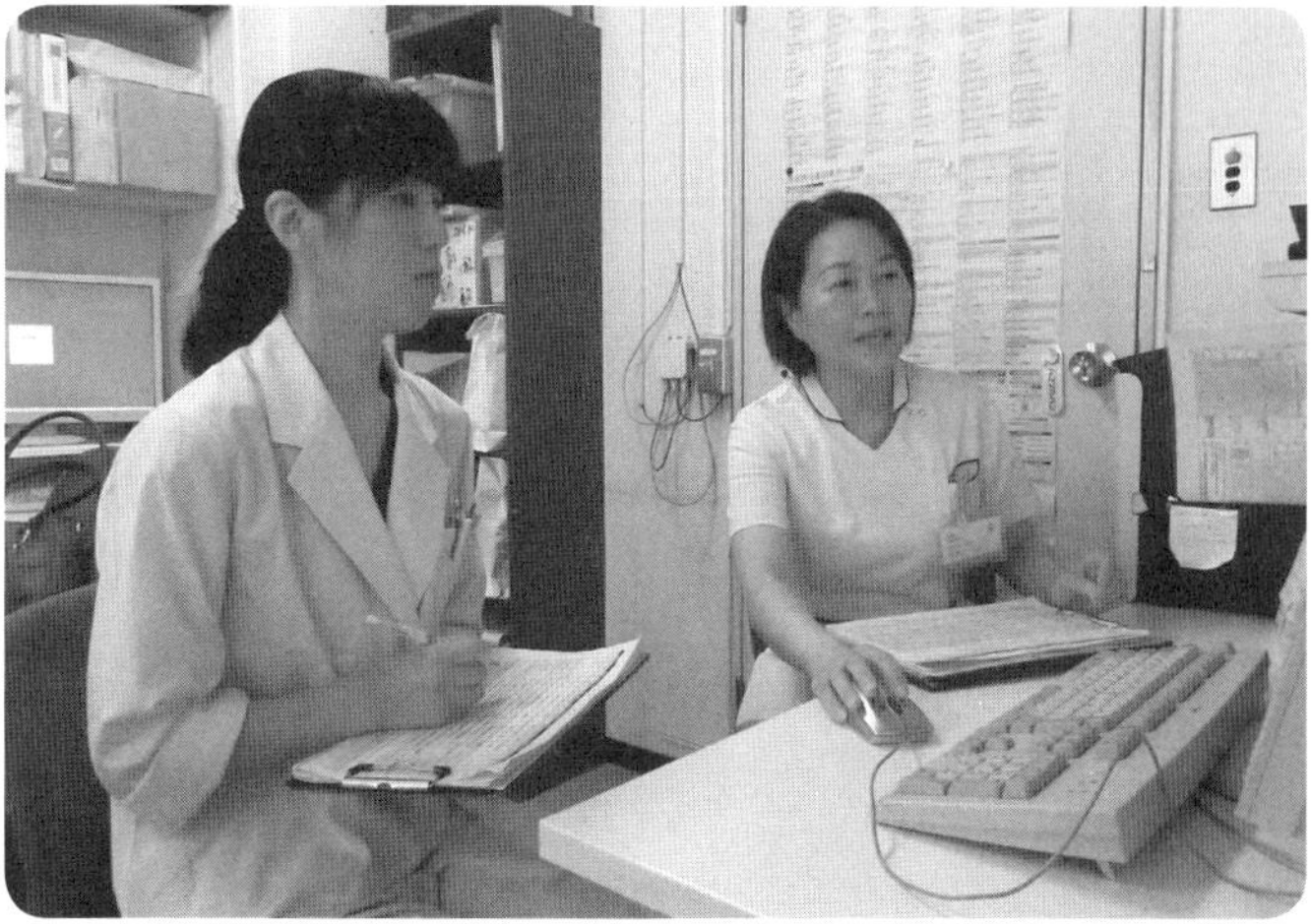

社会福祉士と患者さんのようすの情報を共有します

入居することになったとき「親を見捨てるようで……」と言う人も少なくないといいます。

「いまだに認知症に対する偏見はあるので、落ち込んだり、怖がったり、マイナスのイメージでとらえてしまうのも無理はありません。でも、できることはたくさんありますし、私たちがチームで支援していきますので、悩まずに頼ってほしいと思います」

今後、あまり関心のない人たちや、まだ他人事だと思っている人たちに、少しでも関心をもってもらいたいという樋口さん。また、入院中の認知症がある患者さんや、一時的に混乱している方を対象に、院内デイサービスのようなケアを行うという目標もあるそうです。一人では実現できないため、周囲に協力を呼びかけ、チームづくりをしていきたいと話してくれました。

# 子どもから高齢者までの健康を守り病気の予防や早期発見の大切さを伝える

## 病気にかからないようにする予防が重要

病気のなかには原因がはっきりしないものも多くありますが、かたよった食生活や睡眠不足、運動不足、喫煙、飲酒、ストレスなどの積み重ねが原因となって発症する「生活習慣病」は、生活習慣を見直して改善することで予防できます。生活習慣病には、糖尿病や高血圧、日本人の三大死因となっているがん、脳卒中、心臓病などがあります。

近年、病気になってから治療をするのではなく、病気を予防し、健康を維持することの大切さが注目されるようになってきました。病気の予防には、まず病気にかからないようにする「一次予防」、早期発見・早期治療をしようとする「二次予防」、そして重症化しないようにする「三次予防」があり、特に重要と考えられているのは一次予防です。

健康相談や保健指導、健康診断などをはじめ、健康づくりを支援するためのさまざまな取り組みを行っているのが、地域にある保健センターや保健所などの保健施設です。

## 人びとの健康を守るための保健施設

### ●保健センター

市区町村にある保健センターには、保健師、看護師、栄養士などが配置され、地域住民に対して健康づくりを中心とした身近な支援を行っています。具体的には、健康相談、予防接種、各種検診、保健指導、リハビリ教室、食生活改善や運動普及促進の事業などがあります。たとえば、乳幼児検診で子どもたちの発達のようすをチェックしたり、40歳から74歳までの公的医療保険加入者を対象とした特定健診で生活習慣病の発症リスクが高いと判断された人に予防のための「特定保健指導」を担当したり、自宅介護を行っている家庭や一人暮らしの高齢者宅を訪問して認知症予防などの適切なアドバイスをしたりと、対人サービスが多いのが特徴です。

### ●保健所

いくつかの市区町村にまたがって設置されている保健所は、医師が所長を務め、保健師や栄養士、精神保健福祉士など多職種が配置され、公衆衛生を中心とした幅広い役割を担っています。健康管理や病気予防に関する業務としては、食中毒予防のための普及啓発活動、心の病気や悩みの相談、エイズや性病の相談や検査、がんや生活習慣病の集団検診、新型インフルエンザの蔓延を防ぐための発熱相談センターの設置などがあります。

## 地域包括ケアシステムの構築に向けて

高齢者になっても住み慣れた地域で、自分らしい暮らしを人生の最期まで続けることができるよう、住まい・医療・介護・予防・生活支援のサービスが一体的に提供されるしくみを「地域包括ケアシステム」といいます。

今後、増加が見込まれる認知症高齢者の地域での生活を支えるためにも、地域包括ケアシステムの構築が重要です。

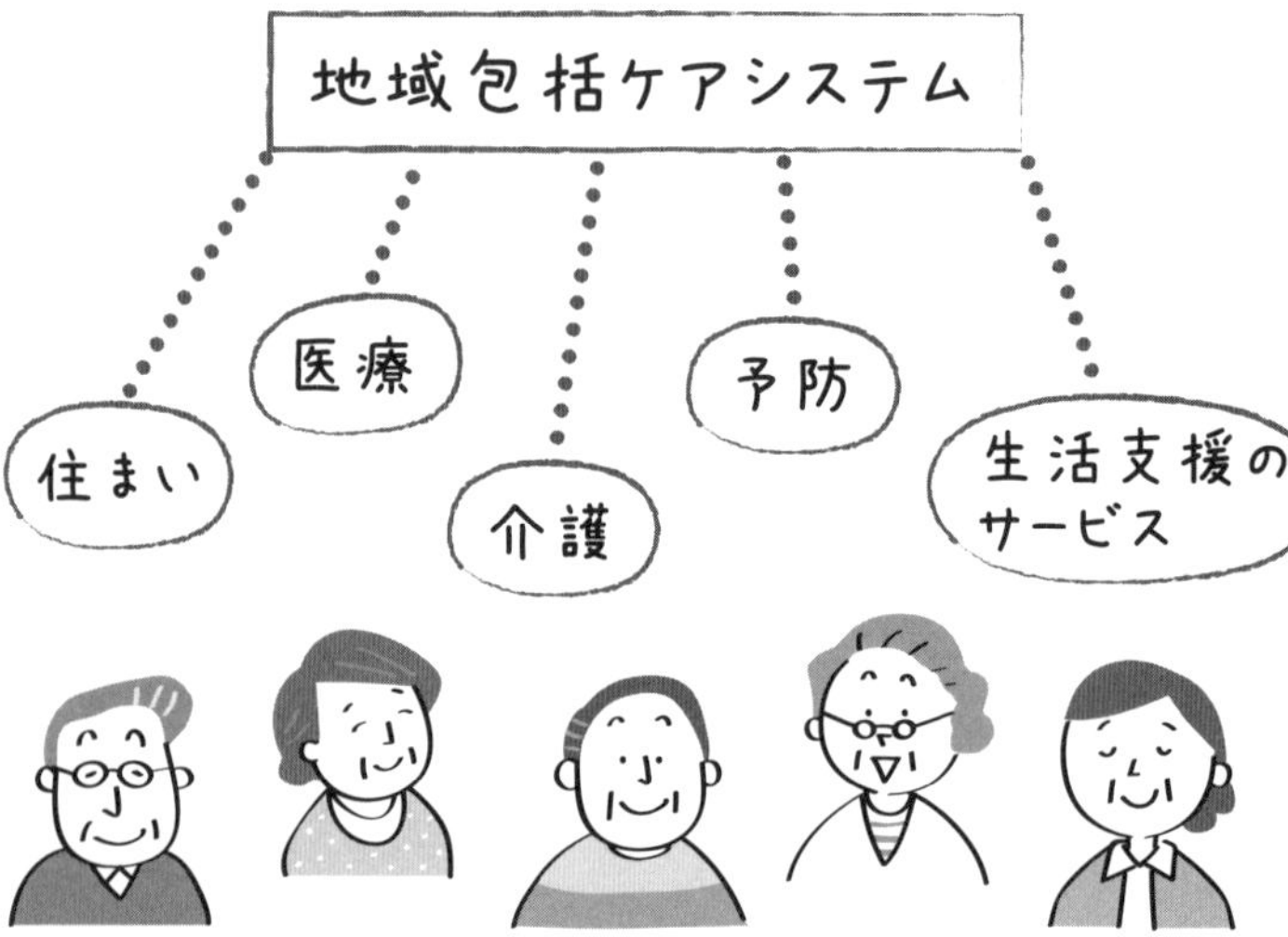

高齢者を地域で支えていくためには、認知症予防の啓発を目的とした市民公開講座や研修会などの開催、認知症サポーター養成活動などを通じて情報発信を行い、認知症になっても安心して暮らせるまちづくりをすること。また、本人や家族が小さな異常を感じたとき、すぐに相談できるようにし、地域の医療機関や福祉施設などが連携し、医師、看護師、ケアマネジャー（介護支援専門員）、社会福祉士、精神保健福祉士、理学療法士、作業療法士、薬剤師、管理栄養士など、さまざまな専門家を含むチームで支援に取り組むことが必要になります。

現在、認知症を完全に予防することはできません。しかし、研究が進むにつれて、運動を習慣にする、食事に気をつけるなど健康づくりにかかわることや、社会的な活動に参加することが認知症の予防につながるとわかってきました。発症や進行を遅らせることができれば、自立した生活を送れるようになります。

全国の市区町村では現在、それぞれの地域に合った地域包括ケアシステムの構築が進められていますが、高齢者だけでなく子育て世帯、障害者などを含む、地域に暮らすすべての人にとっての総合的、包括的な地域ケアのしくみを考えていくことが大切です。

# 資格を取得した上で自分に合った職場を選ぶことが大事

## 専門職の活躍の場は幅広い

健康管理・病気予防に関連する仕事は、医療系の資格が必要な専門職がほとんどです。国や地方自治体が運営している都道府県や市区町村の保健センターや保健所をはじめ、県立・市立病院などの医療施設に勤務する場合、公務員として働くことになります。地域住民の健康づくりをサポートするのが仕事で、乳幼児から高齢者まで幅広い世代とかかわり、業務内容は広範囲にわたります。

企業内や健康保険組合などで働く場合は、産業医や衛生管理者、人事担当者などとともに従業員の健康管理を行い、心身ともに健康な状態で勤務できるよう環境の改善に取り組みます。面談や電話、メールで組合員の健康相談に乗ることもあり、最近では特に、メンタルヘルスケアに関する役割やスキルが求められる傾向が強くなっています。

健康に対する意識が高まる中、民間企業でも健康づくりにかかわる事業を行うところが増えてきており、活躍の場は広がっています。

職場では医療、福祉関係の多職種と協力しながら仕事をするため、協調性が欠かせません。指導やアドバイスをすることが多いので、コミュニケーション能力も求められます。人びとの健康を守りたいと思う責任感や使命感があり、悩みや不安をかかえた人に思いやりをもって接することのできる人に向いているといえます。

## 関連する資格・職種

**●医師**

健康管理・病気予防の中心的な役割を担っています。検診やかかりつけ医として定期的な診療を行って、ほかの職種のスタッフに適切な指示を出します。

医師になるには、大学の医学部または医科大学で6年間学び、国家試験に合格した後、2年以上の臨床研修医としての経験を積む必要があります。

**●歯科医師**

口腔ケアの中心的な役割を担っています。口腔内をきれいに保つことは虫歯や歯周病などの予防はもちろん、＊嚥下障害や＊誤嚥性肺炎の予防にもつながります。

歯科医師になるには、大学の歯学部または歯科大学で6年間学び、国家試験に合格した後、1年以上の臨床研修医としての経験を積む必要があります。

### ●歯科衛生士

歯科医師が円滑に治療を行うために欠かせないサポートをします。歯科予防処置・保健指導・歯科診療補助が三大業務といわれています。

歯科衛生士になるには、国が定める4年制大学、3年制短期大学、専門学校などの養成施設で学び、国家試験に合格する必要があります。

### ●看護師

病院や診療所で働くほか、健診センターなどを訪れる人の相談に乗り、健康問題のアドバイスをするなど健康管理・病気予防の仕事にたずさわることもできます。

看護師になるには、国が定める4年制大学、3年制短期大学、専門学校などの養成施設で学び、国家試験に合格する必要があります。

### ●保健師

保健センターや保健所に勤務する人が多く、健康診断の実施、病気の相談への対応、難病や感染病の調査・啓蒙活動などにかかわり、人びとの心と体の健康を支えます。

＊**嚥下障害**　食べ物や水分を口の中に入れてから飲み込むまでの動作がうまくできなくなった状態。

＊**誤嚥性肺炎**　食べ物や唾液などが誤って気道内に入ってしまうことから発症する肺炎。

保健師になるには、看護師免許を取得し、その後、保健師養成学校に通って国家試験に合格するルートが一般的でしたが、卒業とともに看護師と保健師の両方の国家試験の受験資格が得られる4年制大学や総合カリキュラム採用の専門学校などの養成施設が増えてきています。

### ●管理栄養士

栄養士の上級資格となる国家資格で、健康な人だけでなく、病気やけがをした人や特別な配慮が必要な人にも栄養指導が行える高度な専門知識をもった専門家です。多数の人に継続的に食事を提供する施設には管理栄養士を置くことが法律で定められています。

管理栄養士になるには、管理栄養士養成課程がある4年制大学で学べば、卒業とともに

「栄養士」免許が取得でき、実務経験なしで「管理栄養士」の国家試験が受験できます。

### ●栄養士

栄養に関する知識を活かし、主に健康な人を対象として栄養管理や栄養指導を行います。

栄養士になるには、厚生労働大臣が指定する4年制大学、2年制短期大学、専門学校などの養成施設を卒業し、各都道府県に申請して栄養士免許を受ける必要があります。

### ●薬剤師

病院や薬局で薬を調剤するほか、薬の正しい飲み方や副作用、飲み合わせなど、薬の服用に関するさまざまな情報に目を配り、医師と連携して安心・安全な薬の提供を行います。

薬剤師になるには、大学の薬学部または薬科大学で6年間学び、国家試験に合格する必要があります。

# 6章

# まだまだある福祉の仕事

ドキュメント 9 手話通訳者

# 聞こえない人たちの日常生活を支援する

大田区立
障がい者総合サポートセンター
手話通訳派遣担当

田野美佳さん

## 田野さんの歩んだ道のり

東京都大田区の広報誌で手話講習会の受講生募集記事を見て、手話を勉強しようと思い立つ。始めてみると、どんどん楽しくなり、初級、中級、上級の講習会で3年間、通訳養成課程で2年間学び、手話通訳者登録選考試験に合格。その2年後には手話通訳士の資格を取得。さまざまな場で手話通訳を行うとともにコーディネート業務も行っている。

## 手話通訳の世界に引き込まれて

「英会話でも習おうかなと思っていたころ、手話を知って、外国人と話す前に同じ日本人でも聞こえない人たちとは意思疎通ができていなかったことに気づいて唖然としたんです」

そのように手話を始めたきっかけを話す田野美佳さん。当時、会社員だったため、週1回、2時間の夜の講習会に通い始めました。

「たどたどしい手話でも相手が読み取ろうとしてくれ、初心者の私にも伝わるように表現してくれて。通じたときはとてもうれしくて、もっとうまくなりたい、もっとコミュニケーションが取りたいと思いました」

いつの間にか手話の魅力に引き込まれていったという田野さんは、興味をもって続けるうちに上達し、手話通訳者として活躍できるレベルに。手話通訳者は自治体ごとに登録選考試験が行われていて、合格すると派遣の依頼を受けて活動することができます。

「大田区は登録選考試験が1月にあって、合格すると3月から活動をスタートできます。このサポートセンターの開所式が3月1日だったので、私はそのときにデビューさせていただきました。最初なので先輩といっしょでしたが、すごく緊張しましたね。スーツも新調しましたが、手話通訳者は手の動きが見やすいように黒やグレー、ネイビーなど暗めの色の服を着る必要があります。チェックや花柄などは手話が見にくいので着られないんですね。そのため、今はクローゼットの中が似たような色ばかりです」

## さまざまな場面に活躍の場がある

田野さんは現在、大田区の手話通訳者として活動しながら、東京手話通訳等派遣センターの職員として、大田区立障がい者総合サポートセンターで手話通訳のコーディネート業務を行っています。

大田区の登録手話通訳者は約40名いますが、依頼は年間3000件近くにも上るそうです。派遣依頼のなかで特に多いのは医療現場、つまり受診や検査のときに病院に同行することだとか。そのほか、学校の保護者会や個人面談、買い物など活躍の場はさまざま。東京手話通訳等派遣センターとも連携をとりながら、業務を行っています。

「病院では依頼者の病状を医師に伝えたり、医師の診断や処方された薬の効果などを依頼者に伝えたりします。お子さんの保護者会では、自分が手話通訳として入ることで依頼者の方とまわりのお母さんたちとの会話が弾んできたときは、うれしくなりますね」

個人依頼のほか、会社の面接やミーティング、研修などでも通訳のニーズはあります。最近は行政のイベントや講演で演者の横に立って手話通訳を行うことも増えているそうです。選挙の政見放送でも、手話通訳者がついているのが見られます。ほかにもさまざまな場面で、手話通訳は必要とされています。

「話の意味をつかんで、相手に合わせた通訳をすることが必要です。見極める力、判断力、そのあたりは難しいですね」

仕事の依頼は、メールやファクシミリで日時や内容の連絡が入り、「行けます」と返事をしたら、詳細が書かれた受理票が届きます。

当日は現場で通訳を行い、終わったら終了報告をして、後日、どのようなことをしたか報告書に書いて送るという流れになっています。

「会議や講演などではいろいろな専門用語も出てきますし、私は動物を飼ったことがないのですが、動物病院の通訳を担当したこともあります。今までの自分の経験が役立つこともありますし、知らないことは事前に調べることで勉強になります」

コーディネート業務は、手話通訳者と依頼者を結ぶ仕事です。依頼者からの依頼内容やニーズを正しく把握して、希望の日時に対応できる手話通訳者を探して連絡します。

「コンスタントに依頼があるわけではないので、登録手話通訳者の方たちの予定を調整しながら手配します。またサポートセンターに

サポートセンターの窓口に来た方に手話で応対します

は朝8時30分から19時（土日祝日は17時）まで手話通訳のできるスタッフが待機していて、聴覚障害のある方の相談や支援を行っています。1カ月に延べ100名以上の方が来られます」

## 手話も時代とともに変化する

一人の手話通訳者が担当する仕事は、健康を守るためにも一日2件までとなっています。個人の依頼には一対一で対応しますが、イベントなど長丁場のときは二人で行って、交代しながら対応します。

「会議や講演などでは、だいたい15〜20分ごとに交代します。仲間がいるとおたがいにフォローし合えますし、『どうしたらよかったんだろう』『こんな方法もあったよね』などと相談したりできて心強いです」

田野さんは、手話通訳者は資格を取るのが目標ではなく、そこからがスタートだと言います。仕事をしながらも、ずっと勉強を続ける必要があるのだとか。

「独学で本を見て手話を勉強したという人もいますが、表情や身振りなどが合わさったものなので、実際に聞こえない人とのコミュニケーションを通して学んでほしいです。また、これからは手話通訳の力だけでなく、何か得意分野があると強みになると思います」

手話は性別、年齢、育った環境などによっても違ってきます。地域ごとに方言のようなものもあるとか。言語なので、時代とともに変化し、新しい言葉も増えていくそうです。

たとえば「令和」という元号ができたら、手話ではどう表現しようかと日本手話研究所というところで検討し、確定されるのです。

夏休みこども手話教室のひとコマ　取材先提供

奥深い手話の世界を広く知ってもらい、後輩の育成にもかかわりたいと、手話講習会のアシスタントを務めたり、聴覚障害のある人たちの理解・啓発講座の企画などにたずさわったりもしている田野さん。

「私自身、手話を始めるまで、聞こえない人とは会ったこともないと思っていました。でも、外見ではわからないので、日々すれ違っていたかもしれないのです」

手話通訳を必要としているさまざまな現場で経験を積み、新しい知識が得られることを田野さんは忙しい中でも楽しみ、充実した毎日を送っているようでした。

ドキュメント 10 音楽療法士

# 音楽がもつ力と人とのかかわりで心身の機能を高める

介護老人保健施設 あさがお
関 郁史さん

## 関さんの歩んだ道のり

中学生のころ、音楽やアートを取り入れた教育を行っている「ねむの木学園（肢体不自由児療護施設）」のことを知り、養護学校（現・特別支援学校）の先生になりたいと考えるように。音楽大学を卒業後、知的障害者施設で指導員（現・支援員）として働きながら音楽療法の基礎を学ぶ。その後、退職して専門学校で本格的に学び、現在は介護老人保健施設に勤務している。

## 音楽療法で心のケアをめざす

音楽療法では、音楽のもつ機能や力を活用して、心身の障害を回復したり、機能の維持や改善をしたり、生活の質を向上させたり、行動の変容へと導きます。関郁史さんが働く介護老人保健施設では、音楽療法の時間になるとフロアに続々と利用者さんが集まってきます。そしてリハビリスタッフ（理学療法士、作業療法士、言語聴覚士）による体操で体をほぐした後、音楽療法が始まります。

約40分のセッションで取り上げる曲は日によって違い、童謡から演歌、ポップス、アニメソングまでジャンルはさまざま。知っているメロディーを聞いて思わず口ずさんでしまう人、炭坑節や東京音頭など盆踊りの曲に手足を動かしてしまう人もいて、楽しそうです。

「子どものころ、車の中でいつも父親がカセットテープを聞いていたんです。その影響で、高齢者の方が親しんできた昭和の歌謡曲などをよく知っているので、助かっています。私たちが音楽療法を通してめざしているのは心のケア。『心が動けば体が動く』といわれますが、やってみようというモチベーションをあげていくことが大事です」

音楽療法には集中力を高めたり、情動を発散したり、発語をうながしたりする働きがあります。音楽を使うことで、脳トレーニングも楽しくゲーム感覚で行うことができます。また、歌にあわせて体を動かすことで、訓練をさせられたと感じることなく運動効果をあげることがあります。逆に「こういう効果がありますよ」と言ったほうがやる気になってくれる人には、きちんと目的を伝えます。

「集団のセッションで参加者全員に合わせることは難しいですが、7割くらいの方に集中してもらえればと思っています。寝ている人がいても疲れているのかもしれないし、作業をしている人を中断させたら不穏になることもあります。でも、その人が好きそうな曲が始まったら、寝ていた人が目を開けたり、作業をやめて参加してくれたりするんです。無理にではなく、本人が納得する形で参加してもらっています」

## いろいろな面が見られるのも強み

音楽療法は今の時点では介護報酬の保険点数が取れないため、外部講師やボランティアスタッフを週に1回ほど招いて行っている施設が多いのが現状です。しかし、関さんは

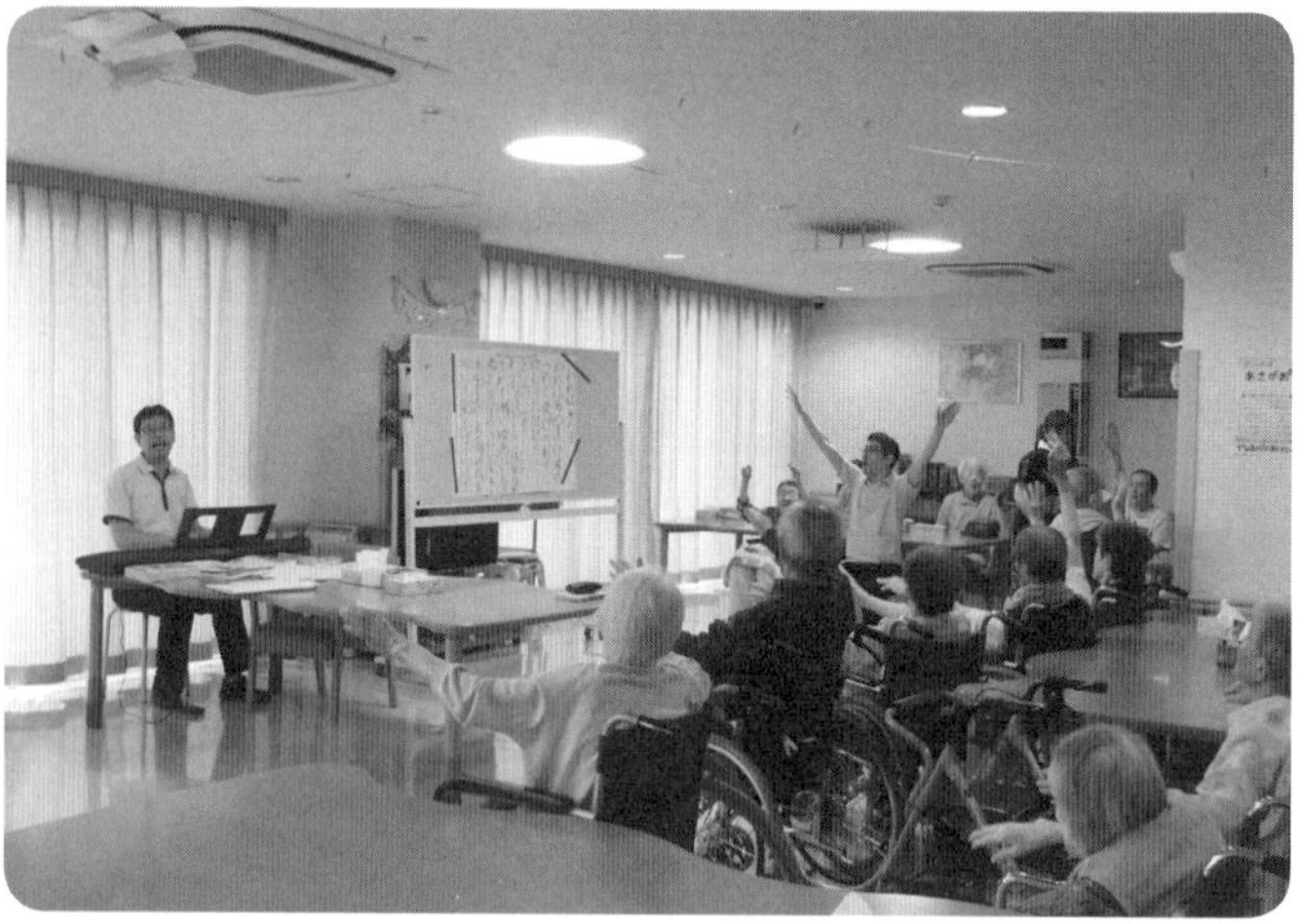

理学療法士とのセッション

歌と踊りで体を動かします

介護福祉士と認知症ケア専門士の資格ももち、介護職の仕事をしながら常勤で働いています。

「音楽療法を行うのは1時間程度で、準備や記録などを含めても一日かかるわけではありません。一方、介護の手は足りていないので、介護職も兼任しています。音楽をしているときはカッコよく見せようとする人でも入浴介助のときは素の部分が出てしまうなど、その人のいろいろな面を知ることができるのも強みだと思います」

介護士、看護師、ケアマネジャー、栄養士など多職種による日常の申し送りに音楽療法士も参加します。日常生活のケアも行っているので、音楽療法の間だけでなく、さまざまな状況で目にしている場面を含めて伝えることができるそうです。

また、関さんは施設内で地域交流委員会の

副委員長とレクリエーション委員会の委員長を任されているとか。

「地域交流委員会では勉強会を開くなどして、地域と施設を結ぶことをめざしています。音楽療法はレクリエーションの要素も大きいので、ボランティアさんの活動をサポートしたり、納涼祭やクリスマス会などのイベントを利用者さんにどう楽しんでもらうかを考え、協力してくれる人たちをつないだりしています」

## どうしたら人の心が動くか

音楽療法士は音楽が好きなのはもちろん、人が好きでなければできない仕事だと関さんは言います。また、ただ演奏が上手なだけではいけないのだとか。

「音楽療法士はピアノやギターの弾き語りができなければいけませんが、それが上手なだけではダメです。私がいちばん訓練させられたのは、どうしたら人の心が動くかということでした。演奏がうまいのと、それが心に響くのとは違います。ときには相手の目線に合わせ、ときには引っ張り、ついてきてくれなければようすを見て、ときには寄り添う。そういうことができなければいけないと思います」

利用者さんからいろいろな曲をリクエストされることもあります。すると、関さんはよく知らない曲でも即興で演奏してしまいます。「そこはちょっと違うよ」などと突っ込まれたりもしますが、「今度までに練習しておきますね」と言って次回につなげるなど、それがコミュニケーションになるのだとか。完璧ではなく対象者の心に響くようにきちんとし

同僚の音楽療法士と打ち合わせ

た演奏をすること、そして自分の音楽を押しつけないことも大切だそうです。

「同じ曲をやっても、まったく同じになることは二度とありません。音楽は生きていますし、生身の人間と対面しながら行っているからです。受け入れてもらい、ドキドキワクワクした気持ちになってもらうには、ルーティンではない部分が必要です。よく相手を見ることが必要なので、心理学も勉強しておかなければいけません」

自分がやりたいことをやらせてもらえて、ありがたいという関さんは、イキイキと音楽療法を行っている姿が印象的でした。今後は自分たちの活動をもっと多くの人に見てもらい、音楽療法士が職業として成り立つようにするためのモデルケースになりたいと力強く語ってくれました。

まだまだある福祉の仕事

# 誰もが暮らしやすい社会をつくるために役立つさまざまな仕事

## バリアフリーについて考えてみよう

子どもも高齢者も、障害があってもなくても、安全に安心して生活できるように建物や交通機関などのバリアフリーが進められています。「バリア」にはじゃまなもの、「フリー」にはなくす、という意味があります。たとえば、段差をなくしてスロープに変えることなどですが、同じ状況でもバリアと感じるものは個人によって異なります。そのため、誰もが快適に暮らすためには、バリアの解決方法についても考えていくことが必要です。高齢者や障害のある人をはじめ、できるだけ多くの人と交流をもつことで、さまざまなバリアの存在に気づくことができます。一人ひとりが多様な人のことを思いやる「心のバリアフリー」を広げることも大切です。

## 障害のある子どもの教育を支援する仕事

障害のある子どもたちには、小・中学校で学習を進めるときに特別な配慮が必要になります。障害の種類には視覚障害、聴覚障害、知的障害、肢体不自由、病弱・身体虚弱、言語障害、自閉症、情緒障害、ＬＤ（学習障害）、ＡＤＨＤ（注意欠陥多動性障害）などがあり、特性に応じて特別支援学校や特別支援学級に在籍したり、通常の学級に通いながら必要なときに指導者が各校を訪問して行う少人数制の特別支援教室で指導を受けたりしています。

障害のある子どもたちの教育について、特別な支援をするための教員のことを特別支援教育コーディネーターといいます。主な役割としては、学校内の関係者や関係機関との連絡や調整を行うことや、保護者に対する学校の窓口となることが求められています。ハードな面もあるものの、子どもたちの笑顔や成長に喜びを感じられる仕事といえます。

## 手話や点字などの技術を活かした仕事

耳が聞こえない聴覚の障害は話し言葉による意思の疎通が難しく、目が見えない視覚の障害はまわりから必要な情報を得ることが難しく、ともに日常生活で苦労します。そのために、耳の聞こえない人たちが手の動きでコミュニケーションをする「手話」、目の見えない人たちのために文字を点の組み合わせで表す「点字」などがあります。

耳の聞こえない人と健聴者のコミュニケーションを手話を使って仲介する「手話通訳」や活字の文章を点字に訳す「点訳」は、特別な技術や知識の習得が必要です。これらは一定のニーズがあり、人の耳となり目となる仕事はやりがいが感じられるものですが、なかなか生計を成り立てていくのは厳しいのが現状です。ボランティアとして活動する人も多く、福祉の現場でスキルを活かしながら働いている人もいます。

## 音楽や絵画などの芸術を活かした仕事

絵画や詩歌、音楽、ダンス、心理劇などの芸術活動を介して心身の治療を行う方法を芸術療法といいます。人は自分の心の状態を言葉で表現できるとは限りません。その心を言葉ではなく芸術で表現してほかの人に伝えることで「受け止めてもらえた」と実感できたり、自分が「こんな気持ちだったんだ」とふり返ることができたりすることが心の治療につながると考えられています。

たとえば音楽療法には、音楽を聴く、歌う、楽器を鳴らす、音楽に合わせて体を動かすといったことで、脳や体の動きを高めたり、発声がうながされたり、うつ症状の軽減などさまざまな効果が認められています。音楽療法士にはその場の雰囲気に合わせて即興で演奏するなど、高度な技術が必要です。

## 福祉用具の選択や住環境の整備に関する仕事

福祉用具は、その人の状態に合った適切なものを選ばなければならず、調整やメンテナンスが必要になることもあります。福祉用具の選び方や使い方をアドバイス・指導するのが福祉用具専門相談員です。車いすや歩行器、ベッド、手すり、スロープなど大きなものから、杖、食器類、歯ブラシなど小さな日用品まで扱います。利用者や家族の話をよく聞いて、一人ひとりに適切な用具を選択していきます。

高齢者や障害のある人に暮らしやすい住まいを提案するのが、福祉住環境コーディネーターです。住宅内で不便さを感じていることをくわしく聞き、その人の体の状態を知った上で家屋の調査を行い、快適に過ごせるような住宅改修プランを作成します。在宅介護が広まり、バリアフリー化が進むにつれ、よりニーズが高まっていくことが予想されます。

なるにはコース

# 広く知られている資格や職業も多いが収入面では厳しいものもある

## ボランティアで活躍する人が多い

多くの地方自治体では、聴覚障害者や視覚障害者の福祉の向上や手話・点字の普及、手話通訳者、点訳者の養成を目的として、基礎から学べる講習会を行っています。地域ごとに聴覚や視覚に障害のある人と交流しながら学べる手話サークルもあるので、参加してみるとよいでしょう。

残念ながら手話通訳者や点訳者として生計を立てるのは難しく、ボランティアという形でかかわっている人が多いのが現状です。とはいえ、手話通訳者は福祉関連施設や行政関係、医療機関、一般企業の窓口など多くの場で必要とされているため、技術を身につけておくと採用が有利になることがあります。点訳者に関しても、パソコンを使った点訳が広まってきたものの、正しく読みやすく点訳された本は人間の技術・知識がなければつくれません。

音楽療法士や芸術療法士も、これらの資格だけで食べていくことは難しい状況ですが、高齢者や障害者の福祉施設や精神科病院、ホスピス、保育所などさまざまな活躍の場があり、専門家として何らかの仕事に就いている人は増えています。

福祉住環境コーディネーターや福祉用具専門相談員は、すでに福祉や医療、建築などの現場で働いている人が知識を増やし、業務の幅を広げるために取得することが多い資格といえます。

## 関連する資格・職種

### ●特別支援教育コーディネーター

資格ではなく、幼稚園、小学校、中学校、高等学校、中等教育学校、特別支援学校の校長から、学校内の特別支援教育の推進役として指名されます。特別支援学級担任が約半数を占め、つぎに多いのが通常の学級担任です。仕事内容は地域や学校によって少しずつ異なっています。

## ●特別支援教育士

LD・ADHDなどのアセスメント*と指導の専門資格です。特別支援教育士資格認定協会が主催する養成セミナーを受講し、資格認定審査（書類審査・筆記試験）に合格することが必要です。上位資格である特別支援教育士スーパーバイザーの資格もあります。

## ●手話通訳者・手話通訳士

手話通訳そのものは、手話の技術を身につければ資格がなくても行うことが可能です。手話を学ぶには、自治体が開いている講座や専門学校でも学べるところがあります。

厚生労働大臣が認定する「手話通訳士」の資格は、難易度がかなり高いので、都道府県が認定する「手話通訳者」から経験を積んでいくのもよいでしょう。

＊**アセスメント**　検査、行動観察、面談などによって子どもの特性を把握し、一人ひとりに合った教育方法を見つけていくこと。

### ●点字技能師

必要なスキルがあれば、点訳はできます。自治体が開いている講座や専門学校でも学べるところがあります。日本点字図書館では入門書を扱っています。厚生労働大臣が認定する「点字技能師」の資格をもっていると、点字のスペシャリストであることを証明できます。

### ●音楽療法士

日本音楽療法学会の認定資格を得るには、学会の認定校に入学して学び、筆記試験と面接に合格する必要があります。全国音楽療法士養成協議会には音楽療法士養成課程をもつ全国の大学と短大が加盟していて、指定カリキュラムを履修すると音楽療法士（専修・1種・2種）の資格を得ることができます。

### ●芸術療法士

日本芸術療法学会が認定している資格を得るには、年に1回開催される研修セミナー（プライマリーコース、アドバンストコース）を受講する必要があります。

### ●福祉住環境コーディネーター

東京商工会議所が認定する検定資格で、3級から1級まであります。3級は基礎レベルですが、2級以上になると難易度は高くなり、医療・福祉・建築の幅広い知識が求められます。特に1級では、記述式試験や設計図の作製などが課されます。

**●福祉用具専門相談員**

福祉用具貸与(たいよ)・販売(はんばい)事業を行う事業所には2名以上の福祉用具専門相談員を配置することが義務づけられています。福祉用具専門相談員になるには、各都道府県知事が指定した研修事業者が実施(じっし)する計50時間の指定講習を修了(しゅうりょう)する必要があります。

## フローチャート　介護福祉士

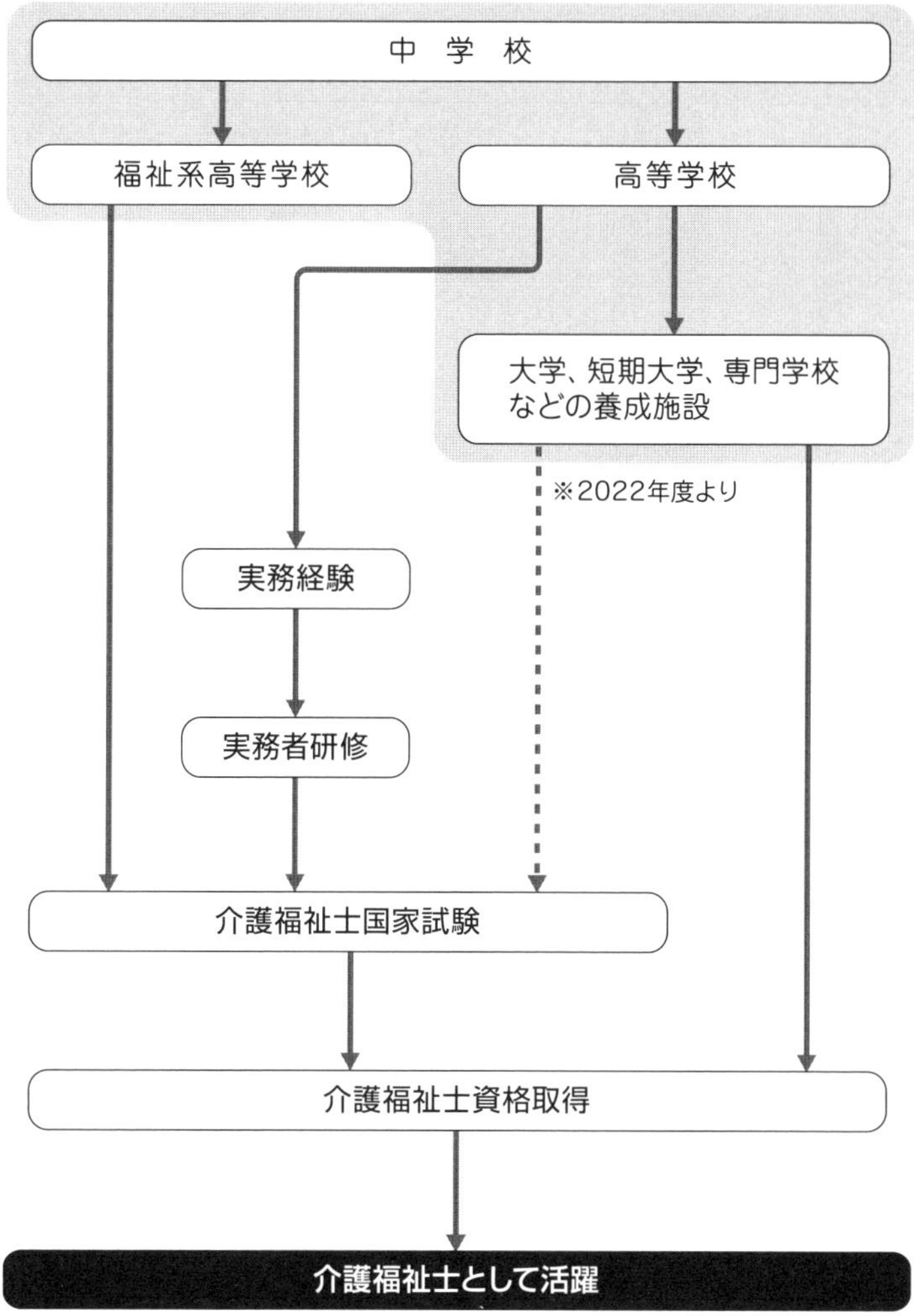

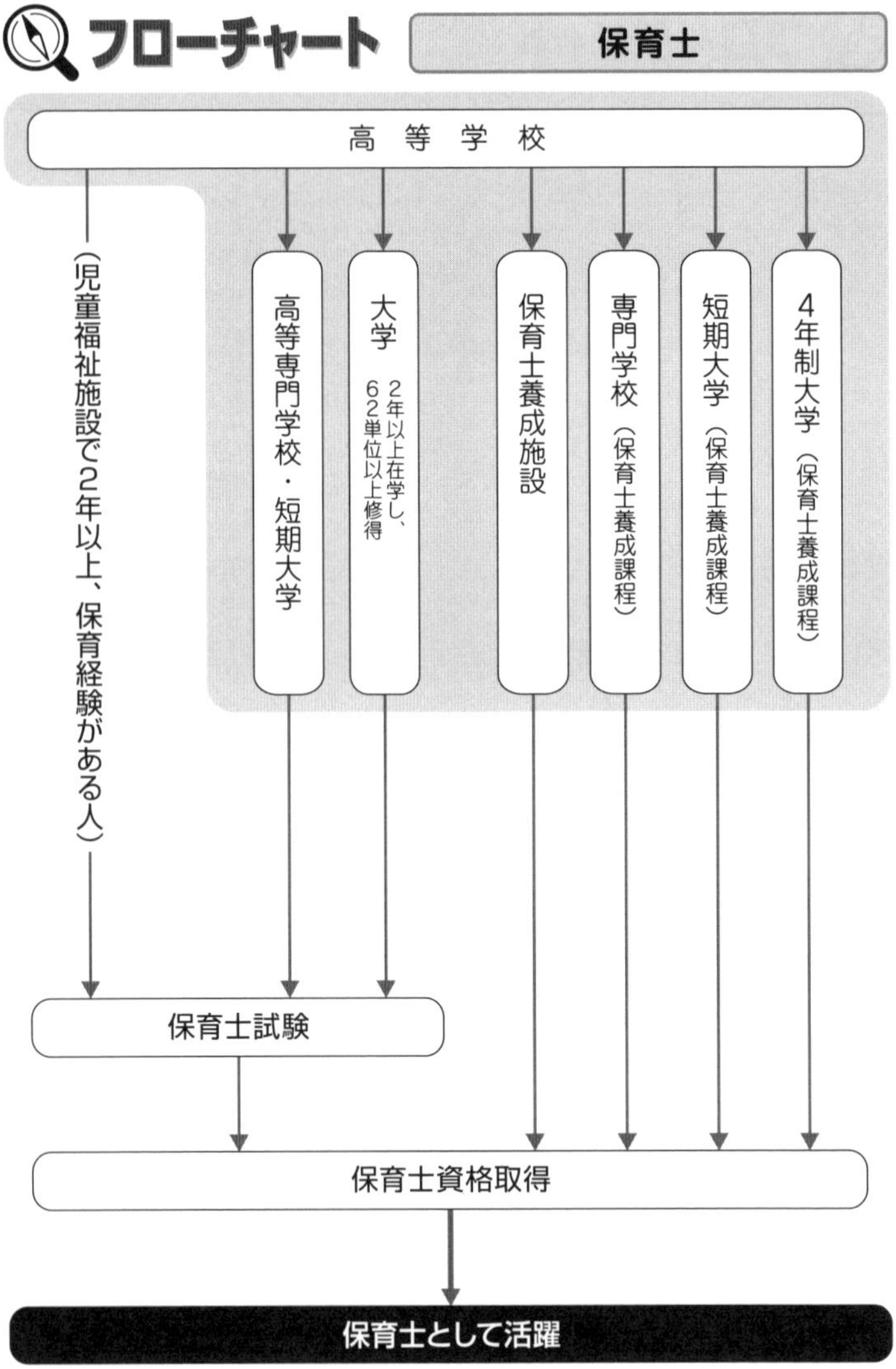
フローチャート
保育士
高等学校
(児童福祉施設で2年以上、保育経験がある人)
高等専門学校・短期大学
大学
2年以上在学し、62単位以上修得
保育士養成施設
専門学校(保育士養成課程)
短期大学(保育士養成課程)
4年制大学(保育士養成課程)
保育士試験
保育士資格取得
保育士として活躍

## フローチャート　児童福祉司

高等学校

↓

- 社会福祉主事として、2年以上児童福祉にかかわる
- 大学で心理学、社会学、教育学を専門的に学び、1年以上児童相談の経験を積む
- 児童福祉司や児童福祉施設職員の養成学校を卒業し、講習会を受講する

↓

地方公務員試験

↓

**児童福祉司として活躍**

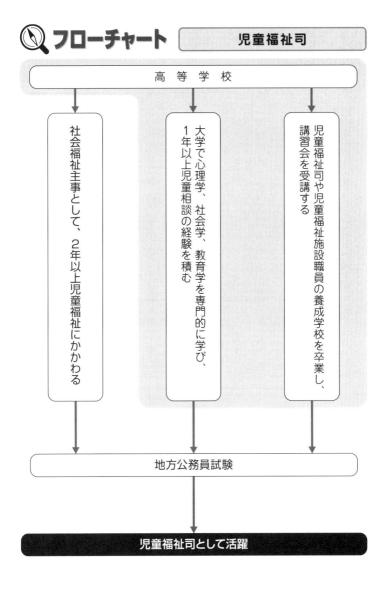

## フローチャート　社会福祉士

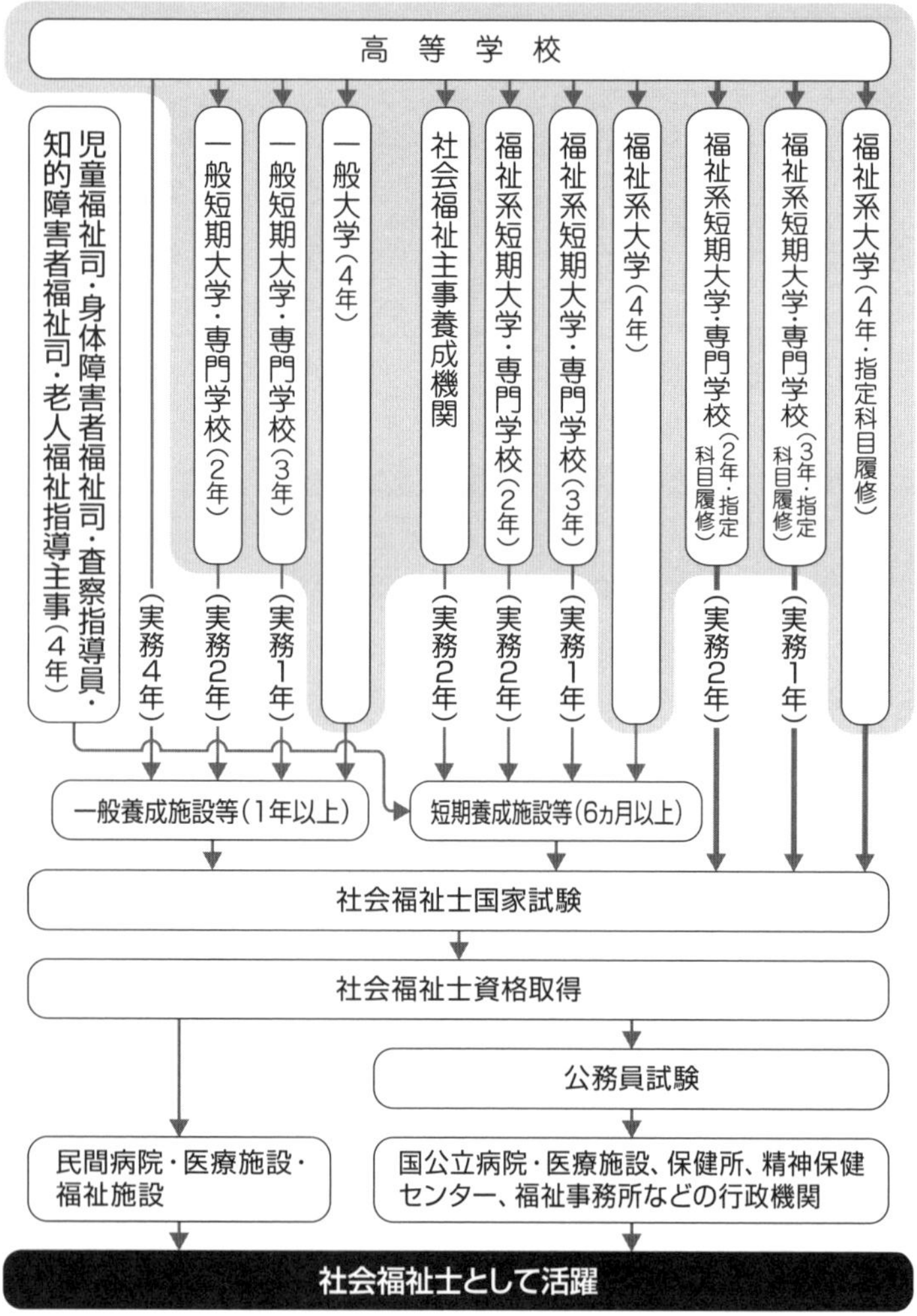
高等学校
児童福祉司・身体障害者福祉司・査察指導員・知的障害者福祉司・老人福祉指導主事（4年）
一般短期大学・専門学校（2年）
一般短期大学・専門学校（3年）
一般大学（4年）
社会福祉主事養成機関
福祉系短期大学・専門学校（2年）
福祉系短期大学・専門学校（3年）
福祉系大学（4年）
福祉系短期大学・専門学校（2年・指定科目履修）
福祉系短期大学・専門学校（3年・指定科目履修）
福祉系大学（4年・指定科目履修）
（実務4年）
（実務2年）
（実務1年）
（実務2年）
（実務2年）
（実務1年）
（実務2年）
（実務1年）
一般養成施設等（1年以上）
短期養成施設等（6カ月以上）
社会福祉士国家試験
社会福祉士資格取得
公務員試験
民間病院・医療施設・福祉施設
国公立病院・医療施設、保健所、精神保健センター、福祉事務所などの行政機関
社会福祉士として活躍

## フローチャート　ケアマネジャー（介護支援専門員）

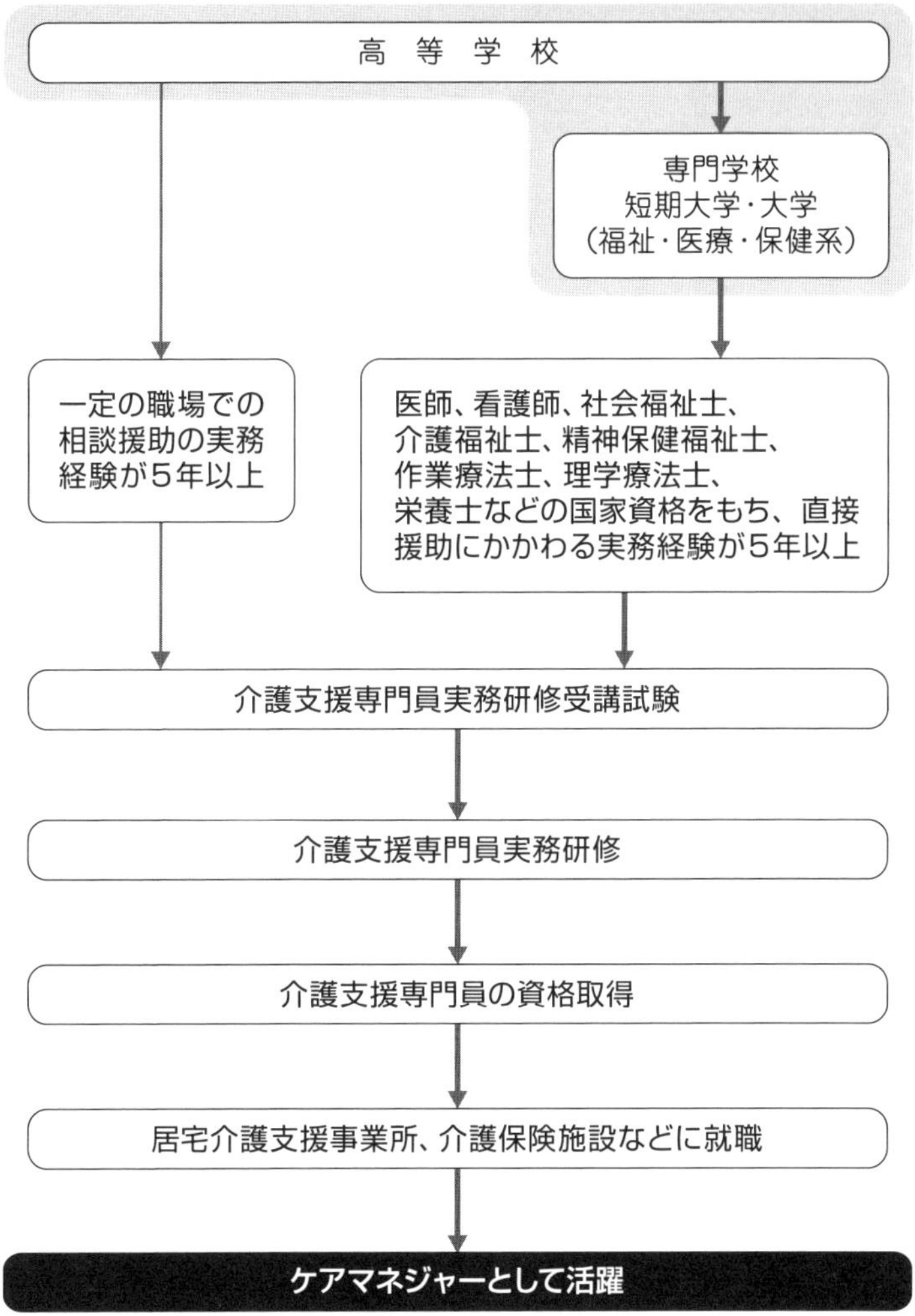

## フローチャート　理学療法士

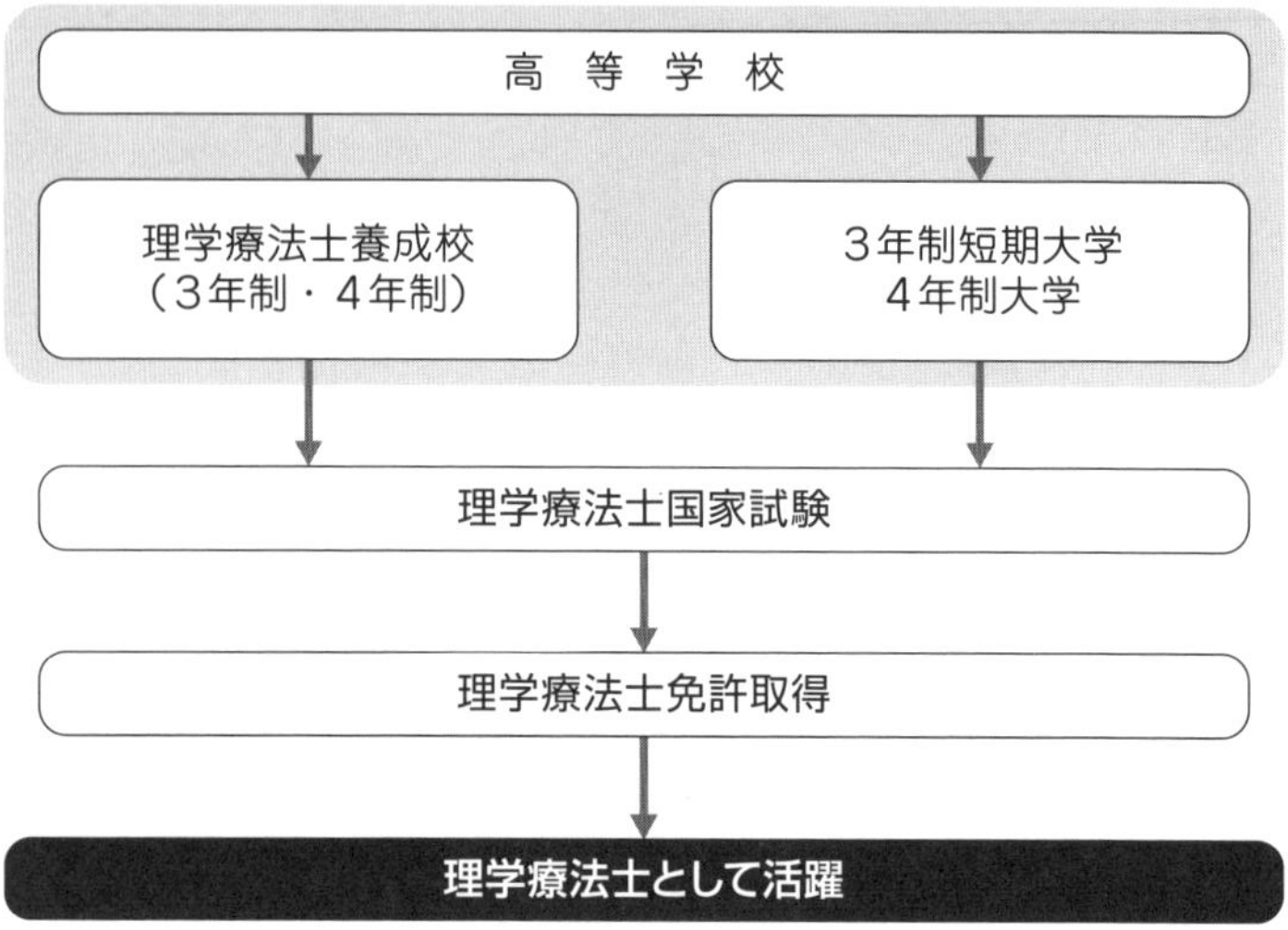

## フローチャート　看護師

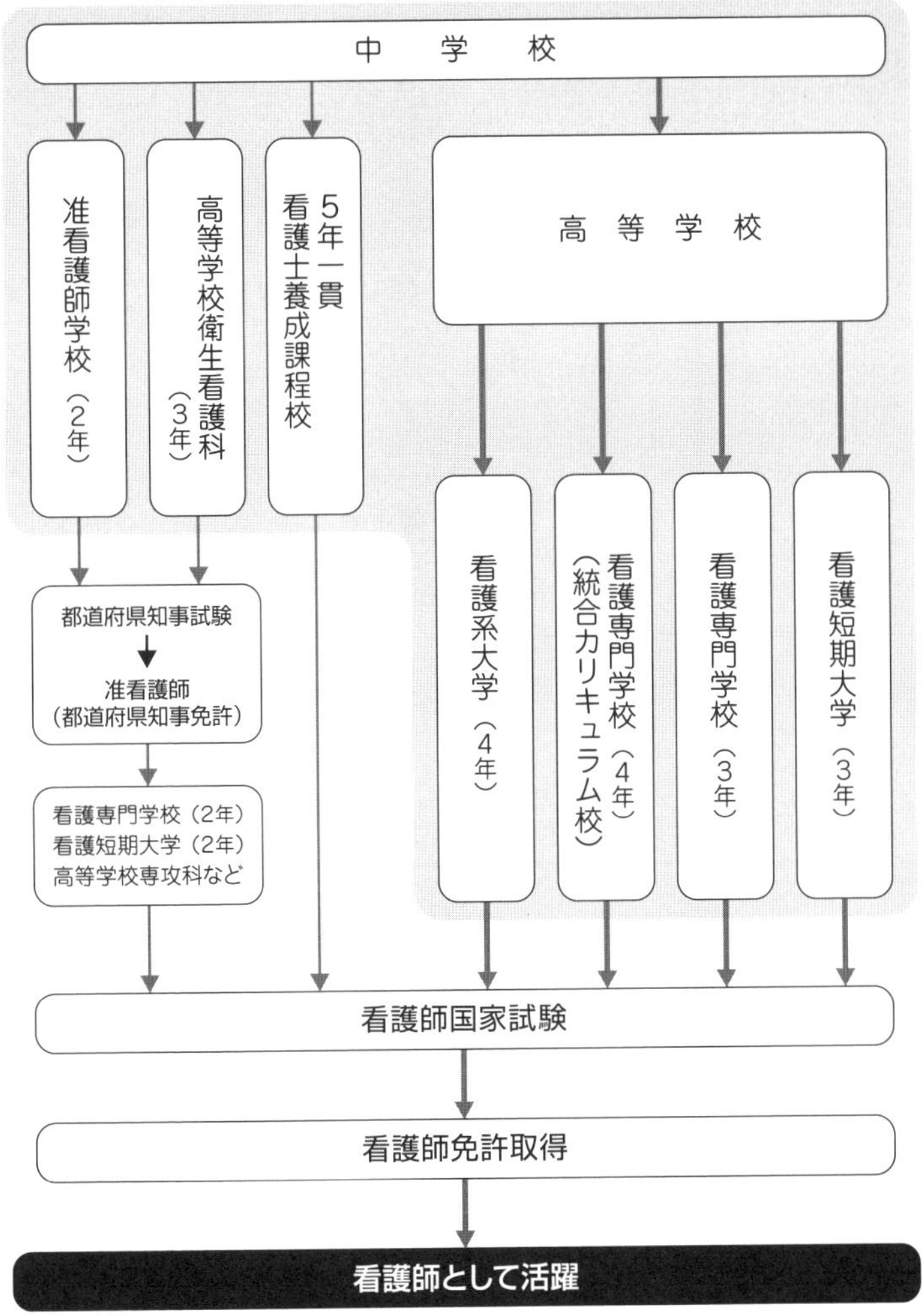
中学校
准看護師学校（2年）
高等学校衛生看護科（3年）
5年一貫看護士養成課程校
高等学校
都道府県知事試験
准看護師
（都道府県知事免許）
看護専門学校（2年）
看護短期大学（2年）
高等学校専攻科など
看護系大学（4年）
看護専門学校（統合カリキュラム校）（4年）
看護専門学校（3年）
看護短期大学（3年）
看護師国家試験
看護師免許取得
看護師として活躍

## フローチャート　手話通訳者

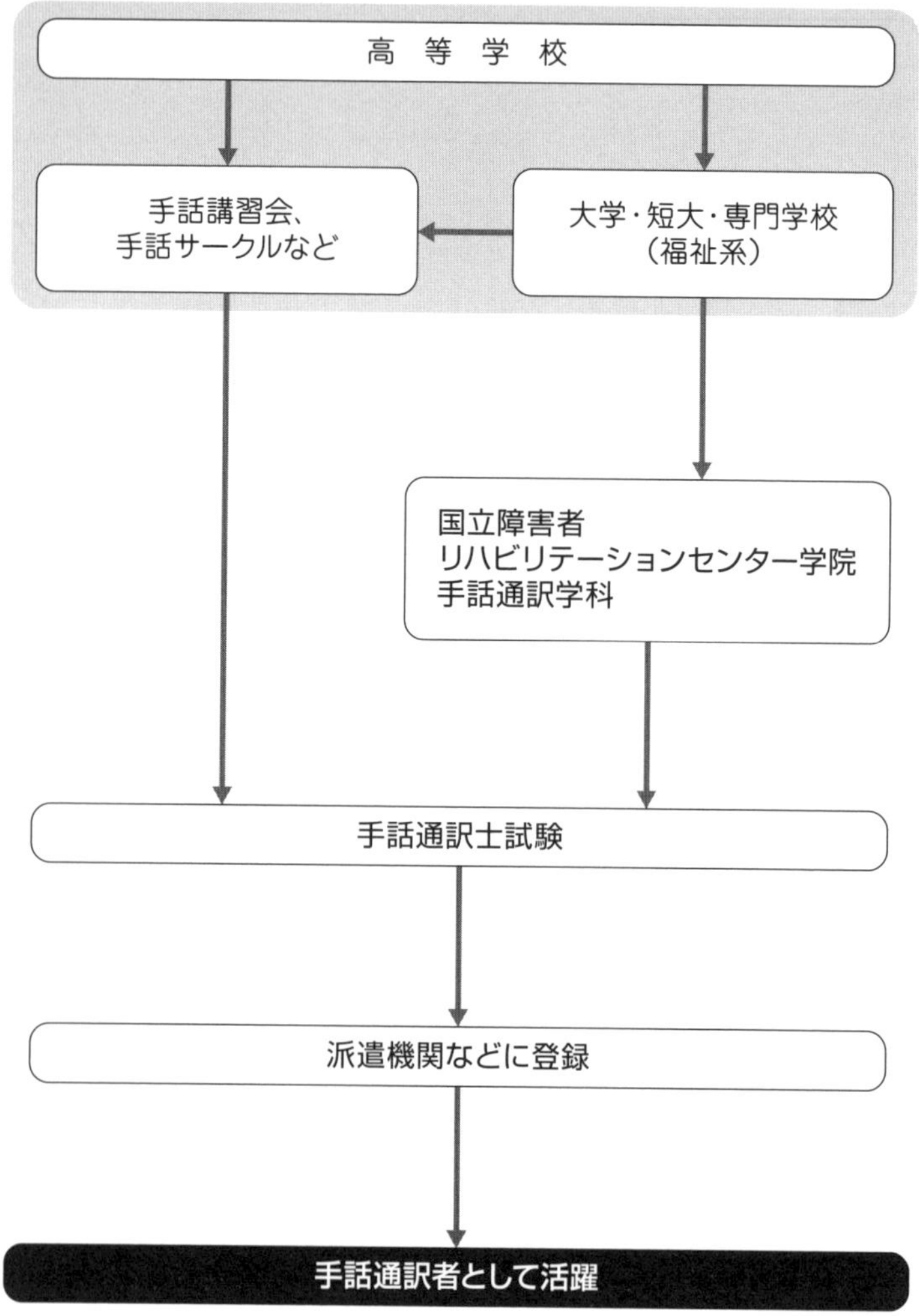

## フローチャート　音楽療法士

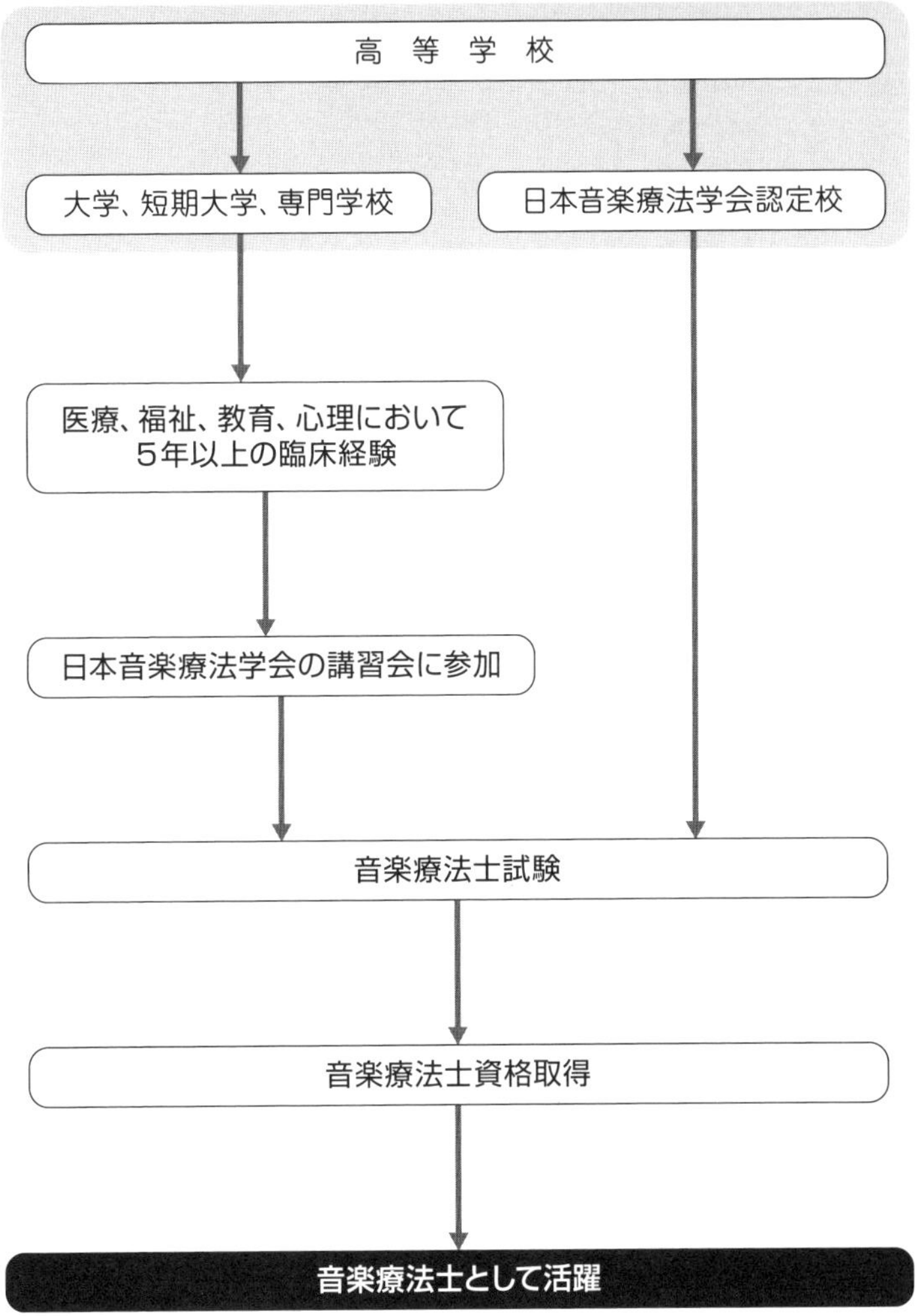

## なるにはブックガイド

### 『これから目指す人・働く人のための3福祉士の仕事がわかる本』

赤羽克子著
日本実業出版社

社会福祉士、介護福祉士、精神保健福祉士の活躍する場は多岐にわたり、同じ資格をもっていても職場によって仕事内容は異なります。本書では3福祉士の資格取得方法、それぞれの役割、職場ごとの主な業務などが紹介され、具体的な働き方を知ることができます。

### 『人が人のなかで生きてゆくこと』

中西新太郎著
はるか書房

「ケア」は一方的にしてあげるものではなく、人はケアをし、される関係の中で生きています。大学で「現代日本社会論」を教えながら、引きこもりや貧困層の青少年支援などにかかわってきた中西先生による、おたがいが支え合う社会をつくる方法を探った評論。

**『自閉症の僕が跳びはねる理由』**
東田直樹著
KADOKAWA

東田さんは会話のできない重度の自閉症ですが、パソコンや文字盤を使ってコミュニケーションを取ったり、原稿を書いたりできます。この本の中では58個の質問に対して、素直に回答してくれていて、自閉症を理解するためのヒントがたくさん詰まっています。

**『認知症になった私が伝えたいこと』**
佐藤雅彦著
大月書店

51歳のときに若年性アルツハイマー型認知症の診断を受けた佐藤さんが、日々の中で書きとめてきた膨大なメモ、講演や取材のために自作した資料、折々に語った言葉をもとに作られた本。当事者でなければ書けない、ありのままの気持ちが記されています。

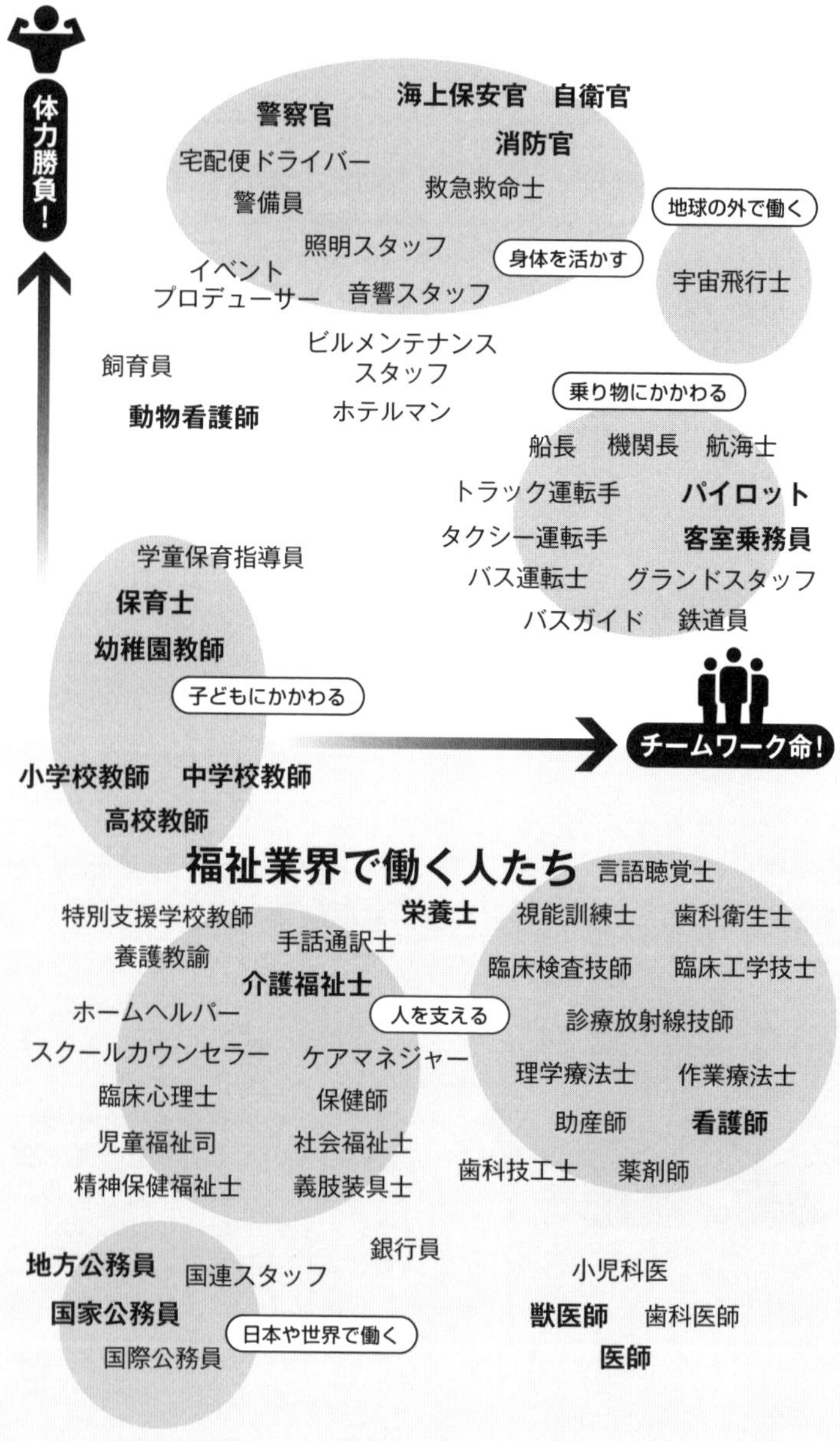
体力勝負!
チームワーク命!
身体を活かす
警察官
海上保安官
自衛官
消防官
宅配便ドライバー
救急救命士
警備員
照明スタッフ
イベントプロデューサー
音響スタッフ
地球の外で働く
宇宙飛行士
ビルメンテナンススタッフ
飼育員
動物看護師
ホテルマン
乗り物にかかわる
船長
機関長
航海士
トラック運転手
パイロット
タクシー運転手
客室乗務員
バス運転士
グランドスタッフ
バスガイド
鉄道員
学童保育指導員
保育士
幼稚園教師
子どもにかかわる
小学校教師
中学校教師
高校教師
福祉業界で働く人たち
言語聴覚士
特別支援学校教師
栄養士
視能訓練士
歯科衛生士
養護教諭
手話通訳士
臨床検査技師
臨床工学技士
介護福祉士
ホームヘルパー
人を支える
診療放射線技師
スクールカウンセラー
ケアマネジャー
理学療法士
作業療法士
臨床心理士
保健師
助産師
看護師
児童福祉司
社会福祉士
歯科技工士
薬剤師
精神保健福祉士
義肢装具士
銀行員
地方公務員
国連スタッフ
小児科医
国家公務員
獣医師
歯科医師
日本や世界で働く
国際公務員
医師

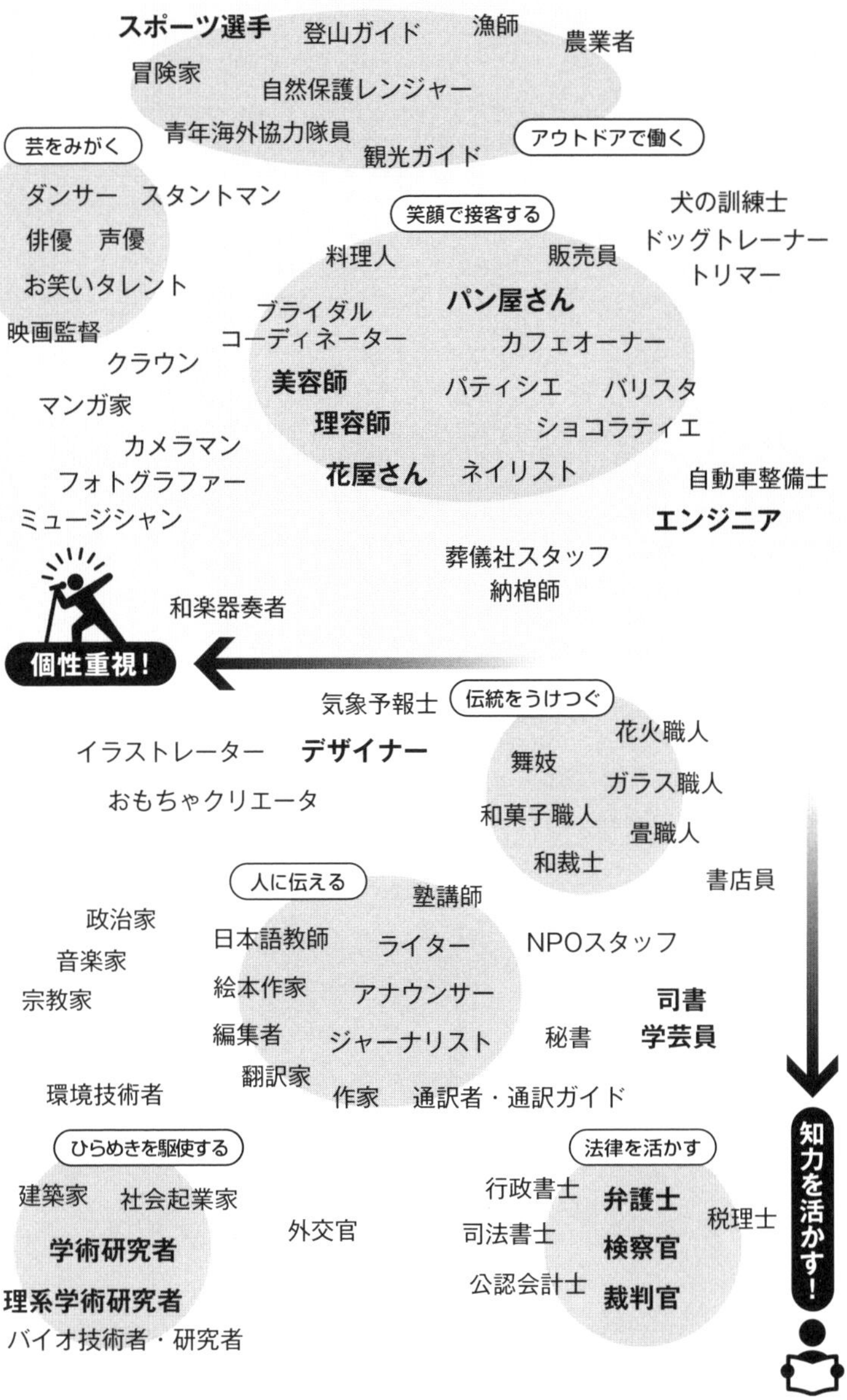
アウトドアで働く
スポーツ選手
登山ガイド
漁師
農業者
冒険家
自然保護レンジャー
青年海外協力隊員
観光ガイド
芸をみがく
ダンサー
スタントマン
俳優
声優
お笑いタレント
映画監督
クラウン
マンガ家
カメラマン
フォトグラファー
ミュージシャン
和楽器奏者
笑顔で接客する
料理人
販売員
パン屋さん
ブライダルコーディネーター
カフェオーナー
美容師
パティシエ
バリスタ
理容師
ショコラティエ
花屋さん
ネイリスト
犬の訓練士
ドッグトレーナー
トリマー
自動車整備士
エンジニア
葬儀社スタッフ
納棺師
個性重視！
気象予報士
伝統をうけつぐ
花火職人
舞妓
ガラス職人
和菓子職人
畳職人
和裁士
イラストレーター
デザイナー
おもちゃクリエータ
書店員
人に伝える
塾講師
政治家
日本語教師
ライター
NPOスタッフ
音楽家
宗教家
絵本作家
アナウンサー
司書
編集者
ジャーナリスト
秘書
学芸員
翻訳家
環境技術者
作家
通訳者・通訳ガイド
ひらめきを駆使する
建築家
社会起業家
学術研究者
理系学術研究者
バイオ技術者・研究者
外交官
法律を活かす
行政書士
弁護士
司法書士
検察官
公認会計士
裁判官
税理士
知力を活かす！

［著者紹介］

**戸田恭子**（とだ きょうこ）

神奈川県生まれ。青山学院大学文学部卒業。出版社勤務を経て、フリーランスライターに。教育・医療・福祉など、幅広い分野での取材記事を多数執筆している。著書に『しごと場見学！ 書店・図書館で働く人たち』、『大学学部調べ 文学部』（ぺりかん社）などがある。

# 福祉業界で働く

2020年 4月 1日　初版第1刷発行
2021年 4月10日　初版第2刷発行

著　者　戸田恭子
発行者　廣嶋武人
発行所　株式会社ぺりかん社
〒113-0033　東京都文京区本郷1-28-36
TEL 03-3814-8515（営業）
03-3814-8732（編集）
http://www.perikansha.co.jp/
印刷所　株式会社太平印刷社
製本所　鶴亀製本株式会社


ISBN978-4-8315-1561-2　Printed in Japan



＊「なるには BOOKS」シリーズは重版の際、最新の情報をもとに、データを更新しています。

仕事の実際から
なり方まで解説

# なるにはBOOKS

B6判／並製カバー装
平均160頁

**47 歯科衛生士・歯科技工士になるには**
**宇田川廣美(医療ライター)著**
❶口の中の健康を守る！
❷歯科衛生士・歯科技工士の世界［歯科衛生士の仕事、歯科技工士の仕事、生活と収入、将来］
❸なるにはコース［適性と心構え、養成学校、国家試験、就職の実際他］
★★★

**12 医師になるには**
**小川明(医療・科学ジャーナリスト)著**
❶医療の現場から
❷医師の世界［医師とは、医療の歴史、医師の仕事、将来像、生活と収入］
❸なるにはコース［適性と心構え、医学部入試、医師国家試験、就職の実際］／医学系大学一覧
☆

**112 臨床検査技師になるには**
**岩間靖典(フリーライター)著**
❶現代医療に欠かせない医療スタッフ
❷臨床検査技師の世界［臨床検査技師とは、歴史、働く場所、臨床検査技師の１日、生活と収入、将来］
❸なるにはコース［適性と心構え、養成校、国家試験、認定資格、就職他］
★★★

**13 看護師になるには**
**川嶋みどり(日本赤十字看護大学客員教授)監修**
**佐々木幾美・吉田みつ子・西田朋子著**
❶患者をケアする
❷看護師の世界［看護師の仕事、歴史、働く場、生活と収入、仕事の将来他］
❸なるにはコース［看護学校での生活、就職の実際］／国家試験の概要］
☆

**149 診療放射線技師になるには**
**笹田久美子(医療ライター)著**
❶放射線で検査や治療を行う技師
❷診療放射線技師の世界［診療放射線技師とは、放射線医学とは、診療放射線技師の仕事、生活と収入、これから他］
❸なるにはコース［適性と心構え、養成校をどう選ぶか、国家試験、就職の実際］
★★★

**147 助産師になるには**
**加納尚美(茨城県立医療大学教授)著**
❶命の誕生に立ち会うよろこび！
❷助産師の世界［助産師とは、働く場所と仕事内容、連携するほかの仕事、生活と収入、将来性他］
❸なるにはコース［適性と心構え、助産師教育機関、国家資格試験、採用と就職他］
★★★

**153 臨床工学技士になるには**
**岩間靖典(フリーライター)著**
❶命を守るエンジニアたち
❷臨床工学技士の世界［臨床工学技士とは、歴史、臨床工学技士が扱う医療機器、働く場所、生活と収入、将来と使命］
❸なるにはコース［適性、心構え、養成校、国家試験、就職、認定資格他］
★★★

**105 保健師・養護教諭になるには**
**山崎京子(元茨城キリスト教大学教授)監修**
**鈴木るり子・標美奈子・堀篭ちづ子編著**
❶人びとの健康と生活を守りたい
❷保健師の世界［保健師とは？、仕事と職場、収入・将来性、なるにはコース］
❸養護教諭の世界［養護教諭とは？、仕事と職場、収入・将来性、なるにはコース］
★★★

**67 理学療法士になるには**
**丸山仁司(国際医療福祉大学教授)編著**
❶機能回復に向けて支援する！
❷理学療法士の世界［理学療法の始まりと進展、理学療法士の仕事、理学療法士の活躍場所、生活・収入］
❸なるにはコース［養成校について、国家試験と資格、就職とその後の学習］
☆

**86 歯科医師になるには**
**笹田久美子(医療ライター)著**
❶歯科治療のスペシャリスト
❷歯科医師の世界［歯科医療とは、歯科医療の今むかし、歯科医師の仕事、歯科医師の生活と収入、歯科医師の将来］
❸なるにはコース［適性と心構え、歯科大学、歯学部で学ぶこと、国家試験他］
★★★

☆☆☆…1600円　★★★…1500円　☆☆…1300円　★★…1270円　☆…1200円　★…1170円(税別価格)

**68 獣医師になるには**
井上こみち（ノンフィクション作家）著
❶人と動物の未来を見つめて
❷獣医師の世界［獣医師とは、獣医師の始まり、活躍分野、待遇、収入］
❸なるにはコース［適性と心構え、獣医大学ってどんなところ？、獣医師国家試験、就職と開業］
☆☆☆

**97 作業療法士になるには**
濱口豊太（埼玉県立大学教授）編著
❶作業活動を通じて社会復帰を応援する！
❷作業療法士の世界［作業療法の定義と歴史、作業療法の実際、生活・収入］
❸なるにはコース［適性と心構え、養成校について、国家試験、就職について］
☆

**90 動物看護師になるには**
井上こみち（ノンフィクション作家）著
❶ペットの命を見つめ健康をささえる
❷動物看護師の世界［動物看護師とは、動物看護師の仕事、生活と収入、動物看護師のこれから］
❸なるにはコース［適性と心構え、養成学校で学ぶこと、資格、就職］
☆☆☆

**113 言語聴覚士になるには**
㈳日本言語聴覚士協会協力
中島匡子（医療ライター）著
❶言葉、聞こえ、食べる機能を支援するスペシャリスト！
❷言語聴覚士の世界［働く場所、生活と収入、言語聴覚士のこれから他］
❸なるにはコース［適性と心構え、資格他］
★★★

**143 理系学術研究者になるには**
佐藤成美（サイエンスライター）著
❶研究する日々の喜び！
❷理系学術研究者の世界［学術研究者と論文、理系の学問と研究分野、研究施設のいろいろ、生活と収入他］
❸なるにはコース［適性と心構え、理系学術研究者への道他］
☆

**150 視能訓練士になるには**
㈳日本視能訓練士協会協力
橋口佐紀子（医療ライター）著
❶眼の健康管理のエキスパート
❷視能訓練士の世界［視能訓練士とは、働く場所、生活と収入、これから他］
❸なるにはコース［適性と心構え、養成校で学ぶこと、国家試験、就職について］
★★★

**151 バイオ技術者・研究者になるには**
堀川晃菜（サイエンスライター）著
❶生物の力を引き出すバイオ技術者たち
❷バイオ技術者・研究者の世界［バイオ研究の歴史、バイオテクノロジーの今昔、研究開発の仕事、生活と収入他］
❸なるにはコース［適性と心構え、学部・大学院での生活、就職の実際他］
☆☆☆

**146 義肢装具士になるには**
㈳日本義肢装具士協会協力
益田美樹（ジャーナリスト）著
❶オーダーメードの手足と装具を作る
❷義肢装具士の世界［働く場所と仕事内容、生活と収入、将来性他］
❸なるにはコース［適性と心構え、養成校、資格試験、採用・就職他］
★★★

**34 管理栄養士・栄養士になるには**
藤原眞昭（群羊社代表取締役）著
❶“食”の現場で活躍する
❷管理栄養士・栄養士の世界［活躍する仕事場、生活と収入、将来性他］
❸なるにはコース［適性と心構え、資格をとるには、養成施設の選び方、就職の実際他］／養成施設一覧
☆

**58 薬剤師になるには**
井手口直子（帝京平成大学教授）編著
❶国民の健康を守る薬の専門家！
❷薬剤師の世界［薬剤師とは、薬剤師の歴史、薬剤師の職場、生活と収入他］
❸なるにはコース［適性と心構え、薬剤師になるための学び方、薬剤師国家試験、就職の実際他］
★★★

**19 司書になるには**
**森智彦（東海大学専任准教授）著**
❶本と人をつなぐ仕事
❷司書の世界［図書館とは何か、司書・司書教諭・学校司書の仕事、図書館と司書の未来、生活と収入］
❸なるにはコース［適性と心構え、資格の取得方法、就職の実際他］
★★★

**110 学芸員になるには**
**横山佐紀（中央大学准教授）著**
❶モノと知の専門家
❷学芸員の世界［博物館とはなんだろう、博物館の種類、学芸員とは、仕事と職場、さまざまな専門性、生活と収入他］
❸なるにはコース［適性と心構え、資格の取得方法、就職の実際他］
★★★

**100 介護福祉士になるには**
**渡辺裕美（東洋大学教授）編著**
❶超高齢社会へ向けて
❷介護福祉士の世界［社会福祉とは、介護福祉士の誕生から現在まで、活躍する現場と仕事、生活と収入、将来性他］
❸なるにはコース［適性と心構え、介護福祉士への道のり、就職の実際他］
☆

**129 ケアマネジャーになるには**
**稲葉敬子（介護ジャーナリスト）・伊藤優子（龍谷大学短期大学部准教授）著**
❶福祉職のコンダクターとして
❷ケアマネジャーの世界［ケアマネジャーの仕事、生活と収入、将来性他］
❸なるにはコース［適性と心構え、試験について、研修の内容］
★

**138 社会起業家になるには**
**簱智優子（フリーライター）著**
❶社会問題の解決に向けて
❷社会起業家の世界［社会起業家とは？、世界の社会起業家たち、活躍する分野、生活と収入、将来性］
❸なるにはコース［適性と心構え／養成施設／起業するには］
☆

**16 保育士になるには**
**金子恵美（日本社会事業大学教授）編著**
❶子どもたちの成長に感動する日々！
❷保育士の世界［保育士の仕事、保育の歴史、保育士の働く施設と保育の場、勤務体制と収入］
❸なるにはコース［適性と心構え、資格取得について、採用について］
☆

**56 幼稚園教諭になるには**
**大豆生田啓友（玉川大学教育学部教授）著**
❶子どもたちの最初の先生！
❷幼稚園教諭の世界［変化する幼稚園、幼稚園教諭の役割、幼稚園・認定こども園で働く人たち他］
❸なるにはコース［幼稚園教諭の適性、免許の取得方法、就職他］
★★★

**29 小学校教師になるには**
**森川輝紀（福山市立大学教育学部教授）著**
❶子どもとともに
❷小学校教師の世界［教師の歴史、小学校の組織とそこで働く人びと、給与他］
❸なるにはコース［心構え、資格をとるために、教壇に立つには、小学校教師のこれから他］
☆

**89 中学校・高校教師になるには**
**森川輝紀（福山市立大学教育学部教授）編著**
❶生徒とともに学び続ける
❷中学校・高校教師の世界［中学校教師の職場と仕事、高校教師の1年間の仕事、実技系教師、給与他］
❸なるにはコース［心構え、資格を取るには、教壇に立つには］
☆

**27 学術研究者になるには（人文・社会科学系）（改訂版）**
**小川秀樹（岡山大学教授）著**
❶第一線で活躍する研究者たち
❷学術研究者の世界［学術研究者とは、人文・社会科学系の学問とは、研究所の実際、研究者の生活他］
❸なるにはコース［適性と心構え、就職の実際他］／他
☆

☆☆☆…1600円　★★★…1500円　☆☆…1300円　★★…1270円　☆…1200円　★…1170円（税別価格）

## 144 気象予報士・予報官になるには
**金子大輔（桐光学園教員・気象予報士）著**

❶気象予報の現場から
❷気象予報士・予報官の世界［天気予報とは、気象予報の歴史、気象予報の仕事、生活と収入、将来］
❸なるにはコース［適性と心構え、気象予報士試験、就職の実際他］
☆

## 65 地方公務員になるには
**井上繁（元常磐大学教授）編著**

❶地域のために
❷地方公務員の世界［地方公務員とは、地方公務員の職場・組織、さまざまな地方公務員、生活と収入、将来］
❸なるにはコース［適性と心構え、試験の概要、就職の実際］
☆

## 28 公認会計士になるには
**江川裕子（エディトリアルライター）著**

❶フェアな経済社会のために
❷公認会計士の世界［公認会計士って何をする人？、公認会計士の仕事、公認会計士の法人組織、生活と収入他］
❸なるにはコース［適性と心構え、なるまでの道、公認会計士試験の特徴他］
★

## 20 国家公務員になるには
**井上繁（元常磐大学教授）編著**

❶国民全体の奉仕者として
❷国家公務員の世界［国家公務員とは、国家公務員の特殊性、役所の機構と業務、生活と収入他］
❸なるにはコース［適性と心構え、なるための道のり、試験の概要他］
☆

## 106 税理士になるには
**西山恭博（西山税理士事務所所長）著**

❶税務の専門家として
❷税理士の世界［税理士の誕生から現在まで／税理士の仕事概要／コンサルティング業務／生活と収入／将来性他］
❸なるにはコース［適性と心構え、国家試験について、就職の実際他］
★★★

## 48 警察官になるには
**宍倉正弘（元（財）全防連広報部長）著**

❶市民の生活と安全を守る警察［湾岸警察署、機動捜査隊、交通機動隊他］
❷警察官の世界［警察の歴史、機構、警察官の待遇他］
❸なるにはコース［採用試験、警察学校、警察学校教官に聞く］
☆

## 108 行政書士になるには
**三田達治（三田行政書士事務所代表）編著**

❶行政手続きのプロフェッショナルとして
❷行政書士の世界［行政書士の誕生から現在まで、ほかの「士業」との違い、行政書士の仕事、生活と収入、将来性他］
❸なるにはコース［適性と心構え／行政書士試験／独立開業他］
★★★

## 88 消防官になるには
**益田美樹（ジャーナリスト）著**

❶あらゆる危険から人びとを守る！
❷消防官の世界［消防の歴史、消防の組織と仕組み、働く場所と仕事内容、生活と収入、将来性他］
❸なるにはコース［適性と心構え／採用試験／就職／消防学校］
★★★

## 140 銀行員になるには
**泉美智子（鳥取環境大学准教授）著**

❶お金を扱う現場から
❷銀行員の世界［銀行とは、銀行の役割、銀行の歴史、銀行員の仕事、銀行員の種類、さまざまな銀行員、生活と収入］
❸なるにはコース［適性と心構え、就職の実際、銀行員の資格取得］
☆

## 152 救急救命士になるには
**益田美樹（ジャーナリスト）著**

❶救急のプロフェッショナル！
❷救急救命士の世界［救急救命士とは、働く場所と仕事内容、勤務体系、日常生活、収入、将来性他］
❸なるにはコース［なるための道のり／国家資格試験／採用・就職他］
★★★

**118 カフェオーナー・カフェスタッフ・バリスタになるには**
安田理（フードビジネス企画開発室代表取締役）編著
❶コーヒーに魅せられて
❷カフェオーナー・カフェスタッフ・バリスタの世界［カフェ業界について学んでみよう、生活と収入、将来性他］
☆ ❸なるにはコース［専門学校、就職他］

**134 パティシエになるには**
辻製菓専門学校編著
❶美しいデセールに魅せられて
❷パティシエの世界［お菓子の起源と種類、パティシエの１日、製菓メーカー・製品開発の仕事、ショコラトリー、業界の現状と将来］
☆ ❸なるにはコース［就職、独立・開業］

**35 販売員・ファッションアドバイザーになるには**
浅野恵子（フリーライター）著
❶お買い物に感動を添えて
❷販売員・ファッションアドバイザーの世界［販売の仕事の基礎知識、「小売業」の歴史、生活と収入・将来性］
☆ ❸なるにはコース［就職・研修、資格］

**137 ネイリストになるには**
津留有希（フリーライター）著
❶カラー口絵／爪先から女性を美しく！
❷ネイリストの世界［ネイルケア小史、ネイリストの仕事、生活と収入他］
☆☆ ❸なるにはコース［適性と心構え、ネイリストの働き方、学校訪問、ネイリストへの道、独立と開業他］

**5 美容師・理容師になるには**
大岳美帆・木村由香里著
❶お客さんをきれいにしたい！
❷美容師の世界［美容と理容の歴史、美容師が担う仕事と職場、生活と収入他］
❸理容師の世界［理容師とはなんだろう、理容師が担う仕事と職場、生活と収入他］
★★★ ❹なるにはコース［養成校／資格取得他］

**2 客室乗務員になるには**
鑓田浩章（エディトリアルディレクター）著
❶笑顔でおもてなし　空が仕事場！
❷客室乗務員の世界［客室乗務員の誕生から現在まで、航空業界とは、生活と収入、将来性］
☆ ❸なるにはコース［適性と心構え、客室乗務員への道のり、就職の実際］

**148 グランドスタッフになるには**
京極祥江（フリーライター）著
❶空港の最前線で
❷グランドスタッフの世界［日本の航空業界史、グランドスタッフの仕事、グランドスタッフの一日、収入、将来性他］
★★★ ❸なるにはコース［適性と心構え、グランドスタッフへの道のり、就職の実際他］

**10 通訳者・通訳ガイドになるには**
鑓田浩章（エディトリアルディレクター）著
❶日本と世界の懸け橋として
❷通訳者・通訳ガイドの世界［通訳者の誕生から現在まで、通訳者・通訳ガイドが活躍する現場、生活と収入、将来性］
★★★ ❸なるにはコース［適性と心構え、通訳者への道、通訳関連の資格について他］

**142 観光ガイドになるには**
中村正人（ジャーナリスト）著
❶“おもてなし”の心をもって
❷通訳案内士の世界［観光ガイドを取り巻く世界、通訳案内士とは、生活と収入、通訳案内士になるには他］
☆ ❸添乗員の世界［添乗員とは、添乗員の仕事、生活と収入、添乗員になるには他］

**43 秘書になるには**
社団法人日本秘書協会監修／
石井はるみ（元社団法人日本秘書協会常任理事）著
❶上司を支えるプロフェッショナルとして
❷秘書の世界［秘書とは何だろう、秘書の歴史、秘書の仕事を見る、収入と生活他］
★ ❸なるにはコース［適性と心構え、取得したい資格他］

☆☆☆…1600円　★★★…1500円　☆☆…1300円　★★…1270円　☆…1200円　★…1170円（税別価格）

## 補巻 19 魚市場で働く

**鑓田浩章(エディトリアルディレクター)著**

❶「卸売市場」について学ぼう
❷魚市場で働く人びとと役割分担［卸売業者、仲卸業者、売買参加者、買出人］
❸魚市場を支えるプロフェッショナルたち［食品衛生検査所の食品衛生監視員、冷蔵倉庫業者、せり人、グローバル営業］

★★★

## 補巻 20 宇宙・天文で働く

**本田隆行(科学コミュニケーター)著**

❶宇宙・天文にかかわる仕事について
❷宇宙をめざす仕事［ロケット技術者、人工衛星技術者、なるにはコース他］
❸宇宙を調べる仕事
❹宇宙・天文を伝える仕事
❺宇宙・天文を使う仕事

★★★

## 補巻 21 医薬品業界で働く

**池田亜希子(サイエンスプロデューサー)著**

❶医薬品業界を知ろう！
❷創薬研究者、医薬品開発者、医薬情報担当者（ＭＲ）、薬事担当者
❸安全性管理担当者、審査調整官、病院薬剤師
❹なるにはコース［資格と取得方法他］

★★★

## 補巻 22 スポーツで働く

**谷 隆一(ライター・編集者)・藤江亮介著**

❶スポーツにかかわる仕事を知ろう
❷プレーしながら働く［実業団選手、公務員選手、なるにはコース他］
❸競技を支える仕事［プロチームスタッフ、トレーナー、なるにはコース他］

★★★

## 補巻 23 証券・保険業界で働く

**生島典子(ライター・編集者)著**

❶証券・保険にかかわる仕事について知ろう
❷証券会社の仕事［エコノミスト、ディーラー、ネット証券］
❸運用会社の仕事［ファンドマネージャー］
❹保険会社の仕事［営業、商品設計、他］
❺なるにはコース［適正と心構え他］

★★★

## 補巻 14 子どもと働く

**木村明子(フリーライター)著**

❶子どもをとりまく世界と仕事
❷誕生、成長に寄り添う人たち［小児科医、保育士、小学校教師、学童保育指導員］
❸育っていく環境を支える人たち［司書、クラウン、育児用品の企画開発他］／子どもにかかわる世界で働くために

☆

## 補巻 15 葬祭業界で働く

**薄井秀夫(宗教評論家)・柿ノ木坂ケイ(葬送ライター)著**

❶葬祭業界について学ぼう
❷葬儀にかかわる仕事［葬儀社スタッフ、湯灌師・納棺師、エンバーマー、生花祭壇スタッフ、葬儀司会者、僧侶］
❸葬祭関連の仕事［仏壇店、霊園、石材店］

☆

## 補巻 16 アウトドアで働く

**須藤ナオミ(アウトドアライター)著／キャンプよろず相談所編**

❶アウトドアの仕事とは
❷用具にかかわる仕事［販売員、メーカー社員］／フィールドにかかわる仕事［登山ガイド他］／メディアにかかわる仕事／安全と命にかかわる仕事他

☆

## 補巻 17 イベントの仕事で働く

**岡星竜美(東京富士大学教授)著**

❶“イベント”について学ぼう！
❷イベントの現場で活躍する仕事人［イベントプロデューサー、音響スタッフ、照明スタッフ、美術スタッフ、企画運営スタッフ、警備スタッフ、アクション俳優］
❸なるにはコース

☆

## 補巻 18 東南アジアで働く

**横山和子(東洋学園大学大学院教授)著**

❶東南アジアを知ろう
❷新たな市場を発見！［タイ：市場調査会社、香港：照明デザイン会社他］
❸社会の経済発展を支援！［カンボジア：土地開発や人材開発事業会社他］
❹東南アジアで働くために

★★★

## 【なるにはBOOKS】

税別価格 1170円～1600円

1——パイロット
2——客室乗務員
3——ファッションデザイナー
4——冒険家
5——美容師・理容師
6——アナウンサー
7——マンガ家
8——船長・機関長
9——映画監督
10——通訳者・通訳ガイド
11——グラフィックデザイナー
12——医師
13——看護師
14——料理人
15——俳優
16——保育士
17——ジャーナリスト
18——エンジニア
19——司書
20——国家公務員
21——弁護士
22——工芸家
23——外交官
24——コンピュータ技術者
25——自動車整備士
26——鉄道員
27——学術研究者(人文・社会科学系)
28——公認会計士
29——小学校教諭
30——音楽家
31——フォトグラファー
32——建築技術者
33——作家
34——管理栄養士・栄養士
35——販売員・ファッションアドバイザー
36——政治家
37——環境スペシャリスト
38——印刷技術者
39——美術家
40——弁理士
41——編集者
42——陶芸家
43——秘書
44——商社マン
45——漁師
46——農業者
47——歯科衛生士・歯科技工士
48——警察官
49——伝統芸能家
50——鍼灸師・マッサージ師
51——青年海外協力隊員
52——広告マン
53——声優
54——スタイリスト
55——不動産鑑定士・宅地建物取引主任者
56——幼稚園教諭
57——ツアーコンダクター
58——薬剤師
59——インテリアコーディネーター
60——スポーツインストラクター
61——社会福祉士・精神保健福祉士
62——中小企業診断士
63——社会保険労務士
64——旅行業務取扱管理者
65——地方公務員
66——特別支援学校教諭
67——理学療法士
68——獣医師
69——インダストリアルデザイナー
70——グリーンコーディネーター
71——映像技術者
72——棋士
73——自然保護レンジャー
74——力士
75——宗教家
76——CGクリエータ
77——サイエンティスト
78——イベントプロデューサー
79——パン屋さん
80——翻訳家
81——臨床心理士
82——モデル
83——国際公務員
84——日本語教師
85——落語家
86——歯科医師
87——ホテルマン
88——消防官
89——中学校・高校教師
90——動物看護師
91——ドッグトレーナー・犬の訓練士
92——動物園飼育員・水族館飼育員
93——フードコーディネーター
94——シナリオライター・放送作家
95——ソムリエ・バーテンダー
96——お笑いタレント
97——作業療法士
98——通関士
99——杜氏
100——介護福祉士
101——ゲームクリエータ
102——マルチメディアクリエータ
103——ウェブクリエータ
104——花屋さん
105——保健師・養護教諭
106——税理士
107——司法書士
108——行政書士
109——宇宙飛行士
110——学芸員
111——アニメクリエータ
112——臨床検査技師
113——言語聴覚士
114——自衛官
115——ダンサー
116——ジョッキー・調教師
117——プロゴルファー
118——カフェオーナー・カフェスタッフ・バリスタ
119——イラストレーター
120——プロサッカー選手
121——海上保安官
122——競輪選手
123——建築家
124——おもちゃクリエータ
125——音響技術者
126——ロボット技術者
127——ブライダルコーディネーター
128——ミュージシャン
129——ケアマネジャー
130——検察官
131——レーシングドライバー
132——裁判官
133——プロ野球選手
134——パティシエ
135——ライター
136——トリマー
137——ネイリスト
138——社会起業家
139——絵本作家
140——銀行員
141——警備員・セキュリティスタッフ
142——観光ガイド
143——理系学術研究者
144——気象予報士・予報官
145——ビルメンテナンススタッフ
146——義肢装具士
147——助産師
148——グランドスタッフ
149——診療放射線技師
150——視能訓練士
151——バイオ技術者・研究者
152——救急救命士
153——臨床工学技士
154——講談師・浪曲師
155——ＡＩエンジニア
補巻21 医薬品業界で働く
補巻22 スポーツで働く
補巻23 証券・保険業界で働く
補巻24 福祉業界で働く
補巻25 教育業界で働く
補巻26 ゲーム業界で働く
別巻 学校図書館はカラフルな学びの場
別巻 東京物語散歩100
別巻 学校司書と学ぶレポート・論文作成ガイド
別巻 ミュージアムを知ろう
別巻 もっとある!小中高生におすすめの本220
別巻 中高生からの防犯
学部調べ 看護学部・保健医療学部
学部調べ 理学部・理工学部
学部調べ 社会学部・観光学部
学部調べ 文学部
学部調べ 工学部
学部調べ 法学部
学部調べ 教育学部
学部調べ 医学部
学部調べ 経営学部・商学部
学部調べ 獣医学部
学部調べ 栄養学部
学部調べ 外国語学部
学部調べ 環境学部
学部調べ 教養学部
学部調べ 薬学部
学部調べ 国際学部

※一部品切・改訂中です。 2021.03.